古賀 登 著
周易の研究
― 音占いから陰陽占いへ ―

雄山閣

本書刊行の経緯について

　2014年7月17日に古賀登先生は亡くなられました。でき上がったばかりの校正刷りをお届けした翌日のことでした。
　著者の校閲を得ることはできなくなりましたが、先生ご自身が最後のライフワークとして本書の刊行を待ち望んでおられました。そこで、ご遺稿の文章および図表を尊重することを基本に、編集部の責任において全体の表記の統一や、文意の不明確な部分だけを補って刊行いたしました。
　なお、音占いの音律に関して、古賀先生は大竹隆・長池秀明・「里地帰」の三氏とともにその復元研究も進めておられましたが、完成前に亡くなられました。
　編集作業にあっては、石見清裕氏（早稲田大学教育・総合科学学術院教授）にご援助をいただきました。記して感謝申し上げます。

　2014年10月30日
　　　　　　　　　　　　　　　　　　　　　　　　株式会社 雄山閣 編集部

まえがき

　現行本『周易』(『易』『易経』)は、卦名、卦形、経、伝で成り立っている。卦名は、乾・兌・離・震・巽・坎・艮・坤の八卦を重ね合わせた乾・坤以下既済・未済にいたる六十四卦。卦形は、筮竹を操作して出た数の奇数を—、偶数を--とし、これを爻(交わるという意味)とよんで、八卦を積み合わせた乾☰、坤☷、以下既済䷾・未済䷿。卦の経、卦辞すなわち彖辞。六十四卦の爻数は384。それぞれに経文がついている。伝は解説。卦辞を注釈した上下2巻の彖伝・象伝のうち辞を解説した大象は卦全体の説明、小象(爻伝)は一つ一つの爻辞の説明。それに繋辞上伝、繋辞下伝、文言伝、説卦伝、序卦伝、雑卦伝すべてで10、十翼(易伝)という。

　しかしながら、☰の卦名の☰乾は、乾燥の乾「かん」であるのに、「けん」とよび、健剛と解釈している。乾隆帝は、易によっておくられた帝名である。☷の卦名の☷坤は、易のみに使用される文字で、易以外には使われない。すでに☰、☷がさようであれば、他の62卦の卦形から卦名を想定することも、卦名から卦形を想定することもできない。ではどのようにして占ったのか。説卦伝に震・巽・離・坤・兌・乾・坎・艮の順に事跡を残した帝のことが記され、つぎに、それぞれの卦の方位・季節(至分・四位)が載っているので、まずは序章からそれを手掛かりにして考えていこう。

　「周易」は音占いから陰陽占いにかわったものではないかという思いつきを、ようやく文章化できた。中日の易家に対し、礼を失するとは承知しているが、敢えて付印することとした。御寛容を乞う。

◎周易の研究―音占いから陰陽占いへ―◎目次

まえがき ……………………………………………………… 1

《前編　音占い》

序　章　『周易』説卦伝の帝について ……………………… 9
　　　はじめに ………………………………………………… 9
　　1　『史記』五帝本紀の戦った帝は黄帝 ………………… 11
　　2　五帝本紀の黄帝の生涯 ………………………………… 12
　　　　イ　黄帝の生涯 ……………………………………… 12
　　　　ロ　孫顓頊は黄帝と嫘祖との子昌意が蜀山氏の女をめとって生んだ子… 14
　　3　「黄帝の生涯」と司馬遷のフィールドワーク ……… 15
　　4　説卦伝の帝 ……………………………………………… 18
　　　結　び …………………………………………………… 19
　　　　補注1　黄帝の正妃嫘祖と養蚕伝説 ………………… 21
　　　　　　2　司馬遷のフィールドワークと都広の野 …… 22
　　　　　　3　黄帝研究の主要編著 ………………………… 23

第一章　周易説卦伝の八卦方位と音占い …………………… 25
　　　はじめに ………………………………………………… 25
　　1　変通は四時より大なるはなし ………………………… 26
　　2　揲筮の数 ………………………………………………… 27
　　3　音占い …………………………………………………… 30
　　　　イ　音と数 …………………………………………… 30
　　　　ロ　中国の三分損益法 ……………………………… 34
　　4　周原出土の数占の数は音律か ………………………… 35
　　　　―あわせて連山・帰蔵の存否を問う―
　　5　後天八卦の六十四卦と音律 …………………………… 38

6　八音と八卦と楽器 …………………………………………… 40
　　　　　イ　五声・六律・八音 ………………………………………… 40
　　　　　ロ　儒教の台頭と八音の成立 ………………………………… 41
　　　　　ハ　音色は音の全人格 ………………………………………… 43
　　　結　び …………………………………………………………………… 45
　　　補注1　「法象は天地より大なるはなし」について ……………… 47
　　　　　2　南宋秦九韶の大衍求一術について ………………………… 50

第二章　盲目のかたりべ瞽師 …………………………………………… 53
　　　はじめに ………………………………………………………………… 53
　　1　瞽師の役割 …………………………………………………………… 54
　　　　　イ　瞽師はかたりべ …………………………………………… 54
　　　　　ロ　瞽師と候気 ………………………………………………… 55
　　　　　ハ　瞽宗にまつられた楽祖 …………………………………… 57
　　2　六十四卦の卦名の由来 ……………………………………………… 60
　　　　　イ　序卦伝と雑卦伝の説 ……………………………………… 60
　　　　　ロ　後天八卦を二重した和音の響き ………………………… 66
　　　　　ハ　殷の卜占との違い ………………………………………… 69
　　　結　び …………………………………………………………………… 71
　　　補注　『淮南子』天文訓の十二律 …………………………………… 71

《後編　陰陽占い》

第一章　音占いの終焉と陰陽二爻の組み合わせ記号による易占 … 79
　　　はじめに ………………………………………………………………… 79
　　1　王権の衰退による音占いの終焉 …………………………………… 80
　　2　K・ヤスパースの枢軸時代の提案 ………………………………… 84
　　3　遊牧民インパクトと自我の覚醒 …………………………………… 87
　　4　『易（周易・易経）』と陰陽説 ……………………………………… 90
　　　　　イ　奇数を ━、偶数を ╌ とした理由 …………………… 90

	ロ　——を陽、--を陰と呼んだ理由 ………………………………	91
5	易経の六十四卦の排列について …………………………………	92
	イ　64音符（卦名）排列の筋書き ………………………………	92
	ロ　陰陽二爻による表記法との関係 ……………………………	94
6	陽・陰の組み合わせを見ての易占 ………………………………	95
	イ　帛易の組み合わせ法 …………………………………………	95
	ロ　漢代の象数学―八宮世応図の解説― ………………………	99
	結　び ………………………………………………………………	101
	補注1　練丹と太極図 ……………………………………………	103
	2　易占に用いた太極図 ……………………………………	104

第二章　周易に関連した俗信 ……………………………………… 105
　はじめに ………………………………………………………………… 105
　1　秦代にはあった「帰蔵」 ………………………………………… 106
　2　甲子納音 …………………………………………………………… 109
　　イ　北宋・沈括の六十甲子納音 ………………………………… 109
　　ロ　南宋・洪邁の五行納音 ……………………………………… 115
　　ハ　明・陶宗儀『輟耕録』引く欠名撰『瑞桂堂暇録』の六十甲子納音 … 118
　　ニ　『輟耕録』引く「日家の一書」の納音 …………………… 121
　　結　び ……………………………………………………………… 126
　　補注　江戸時代の暦にはじまる納音占いの記載 ……………… 128

英文要旨 …………………………………………………………………… 133

あとがき …………………………………………………………………… 141

前編
音占い

序章 『周易』説卦伝の帝について

はじめに
1 『史記』五帝本紀の戦った帝は黄帝
2 五帝本紀の黄帝の生涯
　　イ　黄帝の生涯
　　ロ　孫顓頊は嫘祖との子昌意が蜀山氏の女をめとって生んだ子
3 「黄帝の生涯」と司馬遷のフィールドワーク
4 説卦伝の帝
　結　び
　補注1　黄帝の正妃嫘祖と養蚕伝説
　　　2　司馬遷のフィールドワークと都広の野兒
　　　3　黄帝研究の主要編著

はじめに

　『周易』中の説卦伝とは、易の卦辞・爻辞を孔子が解説したといわれる十翼（伝）の一つ、作易の大旨および八卦の意味を説いたもの。その第5章に、
　帝は震に出で、巽に斉い、離に相い見、坤に致役し、兌に説言し、乾に戦い、坎に労し、艮に成言す。
　万物は震に出づ。震は東方なり。巽に斉う。巽は東南なり。斉うとは、万物の絜斉するを言うなり。離とは明なり。万物皆相い見る。南方の卦なり。聖人南面して天下に聴き、明に嚮いて治むるは、蓋しこれをここに取れるなり。坤とは地なり。万物皆養を致す。故に坤に致役すと曰う。兌は正秋なり。万物の説ぶところなり。故に兌に説言すと曰う。乾に戦うとは、乾は西北の卦なり、陰陽相い薄るを言うなり。坎とは水なり。正北方の卦なり。労卦なり。万物の帰するところなり。故に坎に労すと曰う。艮は東北の卦なり。万物の終りを成すところにして始めを成すところなり。故に艮に成言すと曰う。

とある。
　前段の帝を、今人易家は、主として朱熹『周易啓蒙』（原卦画第2）が「帝

は物を主宰するを以て云う。天地の間造化の機を主(すべ)て万物を生成すること此の如くなるは、誰かこれをせしむるや。声もなく臭いもなくして測り知ることなけれども、実はこれを主宰する者あり。これを指して帝と云う」と言っている上帝・造物主とし、後段の万物を生みだす上帝・造物主が震に出るから万物は震に出るのであり、帝は巽にととのうから万物も巽にととのう、云々と解釈している。つまり、帝すなわち上帝・造物主の動向は可視できないが、万物は造物主の動向に随って変化するものであるから、万物の変遷を見れば、帝の動向を捉えることができる。例えば、万物は、春に始めて発生するものであり、四季の春は、四方の東方に当たり、東方は［後天］八卦では震であるから、「帝は震に出づ」と言っているのである、云々という解釈である。そして、「乾に戦う」とは「乾は季節では秋冬の交に在る西北の卦である。此の時は造化は陰が盛んで陽が衰える。だから陰陽相薄る勢いをなしていると言える。ここで帝は戦うのである」と言う。はたして、それでいいのであろうか。前段は帝が主語で、一貫して帝の行動としているのに、乾に戦うとは、陰陽相い薄る、陰陽の戦いというのは、文脈を無視した解釈である。これは、唐の孔穎達が奉勅撰『周易正義』で三国魏の玄学者王弼の意見をとりいれたものを踏襲した説である。

　これに対し、漢の劉向・劉歆父子は、帝を伏羲としている。『漢書』巻25下郊祀志下の賛に「劉向父子おもえらく、帝は震に出づ。故に包羲氏始め木徳を受く。云々」とある。伏羲は「始めて八卦を作」（『周易』繋辞下伝第二章）ったとされている王。唐の司馬貞も伏羲説である（補『史記』三皇本紀）。しかし、伏羲は三皇であって帝とはいわないし、戦ってもいない。[1]

　『史記』巻1の五帝本紀をよると、戦った帝は黄帝である。そこでまず、黄帝の戦いから見てみよう。

---

(1) この帝の諸家の解釈については、拙稿「周易説卦伝の帝について」（『東方学会創立五十周年記念東方学論集』東方学会、1996年）を参照されたい。

序章　『周易』説卦伝の帝について

1　『史記』五帝本紀の戦った帝は黄帝

『史記』五帝本紀に、

軒轅（黄帝の名）の時、神農氏（炎帝）の世衰え、諸侯相侵伐し、百姓を暴虐して、神農氏能く征するなし。是において軒轅乃ち干戈を［昔からの制度にしたがって］習い用い、旨て不享（不直な諸侯）を征す。諸侯咸来たりて賓従す。而して蚩尤最も暴を為し、能く伐つなし。炎帝諸侯を侵陵せんとす。諸侯咸軒轅に帰す。軒轅乃ち徳を修め兵を振るい、五気を治め、五種を蓺え、万民を撫し、四方に度る。熊羆（くま・ひぐま）・貔貅（虎や熊に似ている猛獣。馴らして戦争に用いた）・貙虎（虎に似た犬ぐらいの大きさの猛獣。馴らして戦争に用いた）に教え、以て炎帝と阪泉の野に戦う。三戦して然る後其の志を得。蚩尤乱を作し帝命を用いず。是において黄帝乃ち師を諸侯に徴し、蚩尤と涿鹿の野に戦い、遂に蚩尤を禽え殺す。而して諸侯咸軒轅を尊び天子と為し、神農氏を伐つ。是黄帝為り。天下順わざる者あらば、黄帝従いて之を征し、平ぐ者は之を去る。山を抜き道を通じ、未だ嘗て寧居せず。東は海に至り、丸山（いまの山東省臨朐県東の漢の朱虛県の丹山）に登り、岱宗（泰山東岳）に及び、西は空桐（隴右にある山名）に至り、雞頭（隴右にある山名）に登り、南は江に至り、熊（商州洛県の熊耳山）湘（岳州巴陵県南にある山）に登り、北は葷粥（匈奴の別名）を逐し、［諸侯の］符［契］を釜山（東海大明の丘にあり）に合し、而して涿鹿の阿に邑し、遷徙往来常処なく、師兵を以て営衛と為し、官名は皆雲を以てし、命じて雲師と為す。云々

とある。
　諸侯を侵略したのは炎帝ではなく、炎帝の後裔である。蚩尤が帝命に従わずに乱を成した帝命を『史記正義』は黄帝の命令としているが、これはおかしい。軒轅はまだ帝位についていない。炎帝の命令である。炎帝配下の諸侯であるにもかかわらず、すでに統率力を失っていた炎帝の命令に従わなかったのである。中国人は皆「炎黄の子」である。だから、諸侯は、蚩尤を禽殺した軒轅を尊敬して天子とし、炎帝に代えた（「神農氏を伐つ」は「神農氏に代ゆ」の誤り）のである。これによって、軒轅は黄帝と呼ばれるようになった。

前編　音占い

　黄帝は、天下に不順の者があればこれを征し、山を披き、道を通じ、東は黄海から、西は河西、北はゴビから、南は轟江流域までを服し、諸侯を釜山に会した。そして、涿鹿の丘に軍営を置き、官名は皆雲を以てし、命じて雲師と為した。
　五帝本紀にみえる戦った帝は、黄帝である。

2　五帝本紀の黄帝の生涯

イ　黄帝の生涯

そこで、五帝本紀の黄帝の生涯をみると、

① 　黄帝は少典の子。姓は公孫、名は軒轅。生まれて神霊、弱（幼弱）にして能く言う。
② 　幼にして徇斉（身体の発育が早く、ととのっている）、長じて敦敏（行いに誠があって頭脳が明敏）。成（年二十）して聡明。
③ 　軒轅の時、神農氏の世衰え、諸侯相侵伐し、百姓を暴虐す。而して神農氏能く征するなし。是において軒轅乃ち干戈を習用し、以て不享を征す。諸侯咸来りて賓従す。而して蚩尤最も暴を為す。能く伐つなし。炎帝諸侯を侵陵せんとす。諸侯咸軒轅に帰す。
④ 　軒轅乃ち徳を修め兵を振るい、五気を治め五種を芸う。
⑤ 　万民を撫し、四方に度る。
⑥ 　熊羆・貔貅・貙虎に教え、炎帝と阪泉の野に戦い、三戦して然る後其の志を得。蚩尤乱を作し、帝命を用いず。是において黄帝乃ち師を諸侯に徴し、蚩尤と涿鹿の野に戦い遂に蚩尤を禽殺す。
⑦ 　而して諸侯軒轅を尊び天子と為し、神農氏に代う。是（これ）黄帝為り。天下順わざる者あらば、黄帝従って之を征し、平する者は之を去る。山を披き道を通じ、未だ嘗て寧居せず。東は海に至り、丸山に登り、岱宗に及び、西は空桐に至り、雞頭に登り、南は江に至り、熊湘に登り、北は葷粥を逐い、符を釜山に合す。而して涿鹿の阿に邑し、遷徙往来常処なく、師兵を以て営衛と為し、官名は皆雲を以て命じて雲師と為し、左右大監を置き、万国を監し、万国和して鬼神・山川・封禅与に多と為す。

　　　　（中略）

⑧　黄帝崩じ、橋山（いまの陝西省綏徳東南にある）に葬る。其の孫昌意の子高陽立つ。是(これ)帝顓頊(せんぎょく)と為るなり。

の如くである。

　炎黄革命のことはしばらく措き、黄帝は、四方を平らげたあと、鬼神・山川の神を祀り、封禅をしたという。封禅説については、すでに多くの優れた研究があるので贅言を要しまい[2]。

　封とは、土盛り。壇を造って天を祀ること。禅は、地をはらって山川を祭ること。封禅とは、昔、新王朝を樹立して帝王が、天下を巡狩し、泰山に登って天を祀り、その麓の梁父で地を祭り、その治世の成功を天に報告した祭りとされているもの。福永光司氏によれば[3]、泰山の古祭を基としたもので、その証拠として以下の七項目をあげている。

(1)『論語』八佾篇にみえる季氏が泰山で行った「旅」（山の祭り）。
(2)『尚書』舜典にある岱宗を巡狩して行う「柴祭」（柴をたいて神に告げる祭り）。
(3)『公羊伝』僖公31年の伝に「泰（太）山河海を祭る」とある「望祭」（はるかに山川を望んで祭る）。
(4)『史記』封禅書にみえる「泮涸禱賽」（孟春の解氷期・孟冬の結氷期に河辺で行う感謝祭）。
(5) 同じく封禅書にみえる斉の八神の一つ「地主祭（泰山梁父を祭る地主の祭り）。
(6)『周礼』春官小宗伯・肆師、地官舞師、『墨子』迎敵祠篇などにみられる「軍祭」。
(7) 山岳中でもとりわけ高峻な偉容を誇る泰山への信仰の存在。

がそれである。

　戦国末に儒者がそれを受命告天の儀式であると主張し、斉の方士が不死登仙の利益に結びつけ、それが秦始皇帝・漢武帝をして泰山封禅への情熱をかきたたせたという。黄帝本紀の黄帝封禅は、戦国末に山東・江蘇地方に流布

---

(2) 福永光司「封禅説の形成―封禅説と神僊説―」、木村英一「封禅思想の成立」、竹内弘行「司馬遷の封禅論―『史記』封禅書の歴史記述をめぐって―」他。
(3) 福永前掲論文（『東方宗教』第6号・第7号、1954年・1955年）。

ロ　孫顓頊は黄帝と嫘祖との子昌意が蜀山氏の女をめとって生んだ子

黄帝の死後即位した孫の顓頊については五帝本紀に、

> 黄帝軒轅の丘に居し、西陵氏の女を娶る。是嫘祖為り。嫘祖黄帝の正妃と為る。二子を生む。其の後皆天下を有す。其の一を玄囂と曰う。是青陽為り。青陽降りて江水に居す。其の二は昌意と曰う。降りて若水に居す。昌意蜀山氏の女を娶る。昌僕と曰う。昌僕高陽を生む。高陽聖悳あり。黄帝崩じ橋山に葬らる。其の孫昌意の子高陽立つ。是帝顓頊なり。

とある。

江水は、いまの岷江。むかしは長江の源流は、岷江の上流通天河だと思っていた。若水は、雅礱江がいまの西昌市の西境を通って攀枝花市で金沙江（昔の縄水）に流入するまでの古称。西昌市は、「月城」の美称を持ち、特に邛海の明月は有名である。冬と春の中頃の夜になると、真っ白な玉盤のような明月が高く空にかかり、雲一つなく、昼間のように明るい。孔健氏は、その理由を「西昌は横断山脈の西端に位し、東は大涼山脈に接し、南は螺吉山脈で、北は大北山脈を背にし、中部は安寧河と邛海湖に広がる平野である。ここは雲貴（雲南・貴州）高原上にあるが、気候は亜熱帯に属し、無霜期が年に約300日におよび、日照が長く、昼夜の気温の差が小さく、四季春のようで、空には雲がほとんどかからない」から、と説明している[4]。

水神の生誕地に、最もふさわしい場所である。

『史記』巻130太史公自序に、司馬遷は、武帝の元鼎6年（前111）「郎中となり、使を奉じて巴蜀以南の西征に従い、南は邛笮昆明を略し、還って報命」した（元封元年、前110）とある。邛は『史記』巻116西南夷列伝に「滇より以北、君長什を以て数う。邛都最大」とある。邛都はいまの四川省西昌県東南。笮は竹籠。笮橋は江上に綱を張り、竹籠に乗って渡る橋。また、笮は笮橋を架けている西南夷の別名。因みに、西昌の馬は小形で、笮馬といい、大きな荷物を背負って、山の急斜面に造られた道を平気で歩いている。落ち

---

(4) 孔健『秘境・西南シルクロード』（学生社、1990年）84頁。

てしまうのではないかとハラハラするが、側対歩ができるので大丈夫だそうだ。

　黄帝が西陵氏の女を娶って正妃としたことについて、森安太郎氏は、黄帝が「天の神（雷神も天神）ならば太陽の運行と関係を有ち得る。東から西へ運ることが太陽の運行である。即ち太陽が西山に没する時が昏（婚）である。そこで黄帝の結婚（昏）を西にとつて、西陵氏（西山氏）の女と結婚したことになつたのであらう。順つて軒轅国も西へ観想されることになつて、その国が西へ置かれたのであらう」と言っておられるが[5]、西陵氏との結婚はそのような観念上につくられた話ではなく、司馬遷は、フイールドワークによって西陽氏の女嫘祖との子青陽・昌意および昌意と蜀山氏の女との子高陽のことを書いている。[補注1]

3　「黄帝の生涯」と司馬遷のフィールドワーク

　では、「黄帝の生涯」はどうか。司馬遷が何によって黄帝本紀を書いたのかは、五帝本紀の末尾の「太史公曰く」に記されている。それを見ると「百家の黄帝を言うものは、その文が典雅でないので、紳士たちは口にするのを憚っている。黄帝について孔子が語っている宰予問・五帝徳や帝繋姓諸篇（『大戴礼』および『孔子家語』の篇名）も、漢代の儒者たちは、正規の経典ではないとして、伝えなかった。私は嘗て西は黄帝が廣成子に道を問うたところという空洞に行き、北は黄帝・堯舜が都した涿鹿を過ぎ、東は海に漸り、南は江淮に舟を浮かべた。長老たちが皆それぞれにしばしば黄帝・堯舜を称揚しているところに行くと、風俗・教化が他の地方と固に殊なって優れている。総じて言うと、古文から離れたものではなく、そこに書かれていることは正しいと解釈できる。……そこで私は、それらを併せ検討し、そのうち最も典雅なものを撰んで、記して本紀のはじめとした」とある。

　黄帝が炎帝（赤帝）と阪（版）泉の野で戦ったことは、現行本『孔子家語』巻5・『大戴礼』巻7五帝徳篇にもみえる。五帝徳篇の成立年代は不明であるが、

---

(5) 森安太郎『黄帝伝説—古代中国神話の研究—』（京都女子大学人文学会、1970年）168頁。

15

「孔子曰く、黄帝、少典の子なり。軒轅と曰う。生まれて神霊、弱にして能く言う。云々」とあり、「孔子曰く、黄帝の孫、昌意の子なり。云々」とある。従って、戦国末にはあった話とみて差し支えないが、涿鹿で蚩尤と戦ってこれを禽殺し、炎帝に代って帝位に即いたという話はどうか。

ちなみに、『呂氏春秋』孟秋紀第7蕩兵篇に「人曰う、蚩尤、兵（兵器）を作ると」とある。ここでは、沛のたたら神となっており、『史記』巻8漢高祖本紀によると、劉邦は沛で旗揚げしたとき、沛の役所内に黄帝と蚩尤を合祀したとある。秦末には蚩尤は兵家の神になっている。『史記』巻28封禅書によると、斉の八神の一つで、兵主といった。すなわち「三に曰く兵主。蚩尤を祀る。蚩尤は東平陸の監郷にあり。斉の西境なり」とある。

では、どこで作られた話か。目安は戦場となった涿鹿であるが、一般には河北省西北部桑乾河流域にある万全県東南28kmにある涿鹿山とされている。昔の冀州である。一説に、黄帝が炎帝を誅した阪泉はその東南にあたる。しかし、『太平御覧』巻155州郡部1所引の『世本』に「涿鹿は彭城の南に在り」とあるのが、文献として最も古い。彭城はいまの江蘇省徐州銅山県。劉邦が黄帝と蚩尤を祭ったという沛は、これより西北70kmの地にあたる。魏の劉劭・王象等の奉勅撰『皇覧』によると、斉の兵主の祀のある監郷に蚩尤の墓があり、毎年十月、村民が集まって祭祀をするのを常とし、その時は、長い真紅の帛のような赤気が現れるので、これを「蚩尤の旗」と呼んだとある。封禅書、『皇覧』のいう監郷はいまの山東省寿張県の闞郷。とすると、黄帝が蚩尤と戦ったという話は、山東西部・江蘇北部に発生した伝説。ここで黄帝がどう言われていたか不明であるが、典雅なものではなかったであろう。

蚩尤との戦いについて、『逸周書』嘗麦解に「蚩尤乃ち［赤］帝を逐い、涿鹿の阿に争う。九隅遺すなし。赤帝大いに懼れ、乃ち黄帝に説き、蚩尤を執えてこれを中冀に殺さしむ」とある。『周書』は孔子が『尚書』を編纂した際の残余と伝えられている戦国時代の偽作であるが、『逸周書』は晋の太康二年（281）河南省汲県の戦国魏王の墓から出土したそれ。司馬遷はもとの『周書』を見ている。『戦国策』秦策1の蘇秦曰くにも「黄帝、涿鹿を伐ちて蚩尤を禽にす」とあり、成立年代は不詳であるが『荘子』盗跖篇にも「黄帝、徳を致すこと能わず。蚩尤と涿鹿の野に戦い、血を流すこと百里なり」とあ

る。ただし、これでは炎黄革命を否定したことになる。

　ところが、ここで注目されるのは、『路史後紀』巻4蚩尤伝に「阪泉氏蚩尤、姜姓炎帝の裔なり」とある記事である。『路史』は宋の羅泌の撰で、かなり問題のある書であるが、炎帝が姜姓であることは、『左伝』哀公9年の条に「炎帝、火師と為る。姜姓は其の後なり」とあり、『帝王世紀』に「炎帝神農氏、姜姓なり」とあるように昔から言われていることであり、五帝本紀に、黄帝が炎帝の末裔を阪泉に討ち、(同じく炎帝の子孫である)蚩尤を涿鹿で禽殺し、帝位に即いたとある記事がこれによって合理化されてくる。黄帝が蚩尤を誅殺した理由について、『尚書』呂刑篇に「蚩尤惟始めて乱を作す。平民に延及し、寇賊鴟義(峙の誤り)(横暴をきわめ)、姦宄奪攘(わざわい、うばいぬすむ)、矯虔せざるなし」と言っている。

　炎黄革命説は、すでに森安太郎氏が詳論されているように[6]、太公望呂尚すなわち姜牙が開国した姜姓斉国をのっとった田氏(陳氏)の斉で作為されたものである。

　田斉は斉に亡命して来た陳国(首都宛丘、いまの河南省淮陽県南)の公子の子孫が主家を押しのけ、前386年諸侯に列せられた国で、舜を始祖とする陳氏は、虞舜の出自である虞幕すなわち慕母を妃とする黄帝を高祖としていた。戦国・斉の青銅器「陳侯因齊敦」の銘文に「隹(惟れ)正に六月癸未、陳侯因齊曰く、皇考の孝武なる桓公は、恭なるかな。大いに誤り其の惟を克く成せり。因齊は、皇考の昭統を掲げ、高くは黄帝を祖とし、邇くは桓・文を嗣ぎ、諸侯を朝問せしめ、その徳を合え揚げたり。云々」とあるのは、そのことを示している。陳侯因齊(因資、因齊)は斉の宣王、桓公は斉の威王。田斉は威王、宣王のとき(前356〜前300年)国力絶頂に達し、都の臨城の稷門の下に設けられた公邸には諸国の学者・遊説の徒が雲集していた。『史記』巻46田敬仲完世家は、「宣王は文学・遊説の士を喜ぶ。騶衍・淳于髠・田駢・接子・慎到・環淵の徒の如きより七十六人。列第を賜りて上大夫となり、治

---

(6) 森安太郎前掲著152〜155頁。斉の稷下学と黄帝との関係が絶対的であることは、今井宇三郎「黄帝について」(『東京文理科大学漢文学会会報』第14号、1953年)参照。

めずして議論す。斉の稷下の学士また盛んにして、まさに数百千人になんなんとす」と伝えている。騶衍は、いうまでもなく五行相勝説によって王朝の交替を称えたもの。環淵は、郭沫若氏によれば老子から『道徳経』上下篇を受けたという関令尹その人、上下篇の著者[7]、黄老道の鼻祖である。斉国における姜田交代劇が稷下先生の間で話題になっていなかった筈はない。黄帝が不徳な炎帝の子孫に代わって天下を治めたという話は、稷下の文学の誰かによって作られ、遊説の徒によって広められたのであろう。[補注2]

4 説卦伝の帝

「説卦伝」の帝を、以上に見てきた『史記』五帝本紀の黄帝の生涯と対照すると、

(1) 震…「帝は震に出で」＝「黄帝、名は軒轅。生まれて神霊、弱にして能く言う」。

軒轅は車の「ながえ」。黄帝の母附宝は、祁野に行き、大きな稲妻が北斗七星の第一星のまわりに光ったのに感じて懐妊し、黄帝を生んだという（晋、皇甫提撰『帝王世紀』）。軒轅とは、稲妻の形に因んで名づけたものであろう。とすると、黄帝は雷神である。「説卦伝」の「帝は震に出で」の「震」の八卦象意は「雷」である。「帝」は黄帝の出自と符合する。

(2) 巽…「巽に斉い」＝「黄帝、幼にして徇齊」（聡明鋭敏でととのっている）に符合する。『孔子家語』五帝徳第23は「幼齊叡莊」に作る。漢の戴徳の『大戴礼記』五帝徳第62は「幼而彗（「慧」の誤りか）齊」に作る。徇齊は「身体の発育が早く、よくととのっていること」。「巽」は「そなえる」、転じて「そなわる」となるから、「齊巽」は「幼而徇齊」と符合する。

(3) 離…「離に相い見」＝「軒轅の時、神農氏の世衰え、諸侯相侵伐し、百姓を暴虐し、神農氏能く征するなし。是において軒轅乃ち干戈を習い用い、以て不享を征す。諸侯咸来たりて賓従す」に符合する。離は「離れる」の反訓「着く」。

---

(7) 郭沫若著、野原四郎・佐藤武敏・上原淳道訳『中国古代の思想家たち 上』（岩波書店、1953年）258〜259頁。

(4) 坤…「坤に致役し」=「軒轅乃ち徳を修め兵を振るい、五気を治め、五種を芸う」に符合する。
　(5) 兌…「兌に説言し」=「万民を撫し、四方に度る」に符合する。
　(6) 乾…「乾に戦い」=「炎帝と阪泉の野に戦う。三戦して然る後其の志を得。……蚩尤と涿鹿の野に戦い、遂に蚩尤を禽え殺す」に符合する。
　(7) 坎…「坎に労し」=「諸侯轅軒を尊び天子と為し、神農氏に代ゆ。是黄帝為り。天下に順わざる者あらば、黄帝従いて之を征し、平ぐ者は之を去る。……未だ嘗て寧居せず」に符合する。
　(8) 艮…「艮に成言す」=万国和し、鬼神・山川・封禅与に多となす、に符合する。
の如くである。

　『墨子』非儒篇下によれば、孔子は、在斉中、姜田交替劇の策謀者田常（陳成常）の邸宅に逗留していたという。真偽のほどは判らないが、炎黄革命論は、『孔子家語』とか『大戴礼』とか『周書』とか、孔子に附会されている書に残っているものである。とすると、同じく孔子の著と附会されている『周易十翼』の「説卦伝」の八卦の排列説明に炎黄革命譚が使われていたとしても不可思議ではない。以上のことから、私は、『周易』説卦伝第5章前段の文言は、戦国末ないし漢初の易家が当時用いられていた八卦の次序すなわち震巽離坤兌乾坎艮の排列理由を説明するため、稷下の文学が作った炎黄革命譚の黄帝一代の事跡[補注3]を八段に分け、各卦に割り振ったものであると考える。

結　び

　以上の検討してきたことを要約すると、以下のようになる。
　(1)「説卦伝」第5章の帝を、万物を生む上帝（天帝）・造物主とし、帝が震から出るから万物も震に出るのであり、云々という通説は、乾に戦うとは、西北の卦だから、陰陽相い薄るというように、一貫して帝の行動としてきた文脈からはずれた解釈になってしまう。
　(2)『史記』五帝本紀をみると、戦った帝は黄帝である。軒轅の時、神農氏の世が衰え、炎帝が諸侯を侵陵しようとし、阪泉の野で三度戦い、志を得、涿鹿の野で蚩尤と戦い、捕らえ殺し、諸侯が軒轅を尊敬し、天子とし、神農

氏に代えた、これが黄帝である、とある。

（3）そこで、五帝本紀の黄帝の生涯をみると、1. 少典の子、姓公孫、名軒轅、2. 幼にして斉い、3. 炎帝が諸侯を侵陵しようとしたとき、諸侯が皆軒轅に帰した、4. 徳を修め、兵を振るい、五種を植えた、5. 万民を撫し、四方に度った、6. 炎帝と阪泉の野で戦い、蚩尤を涿鹿の野で殺し、7. 諸侯が皆軒轅を尊び、炎帝に代えて天子とした、これが黄帝である。天下に不順の者があればこれを征して、寧居せず、8. 万国和し、鬼神山川封禅ともに多となし、9. 死して橋山に葬られ、孫の顓頊が後を継いだ、の如くである。

（4）孫の顓頊は、黄帝が軒轅の丘に居し、西陵氏の女正妃嫘祖との間にもうけた二子のうち若水に天降った次子の昌意が蜀山氏の女を娶って生んだ高陽。若水は雅礱江がいまの西昌市の西を流れるあたりの古称。西昌市は月城とよばれ、月の美しい水神の生地にもっとも相応しいところ。長男の玄嚚青陽は江水に天降った。江水はいまの岷江。司馬遷は太史公自序で「使を奉じて巴蜀以南を西征し、南は邛筰昆明を略し還りて報命す」と言っている。筰は竹籠。筰橋は江上に綱を張り、竹籠に乗って渡る橋。また、筰は筰橋を架けている西南夷の別名。「黄帝の生涯」は、司馬遷のフィールドワークによって書かれている。

（5）1が八卦の震の出る、2が巽の斉（ととの）う、3が離の相い見る、4が坤の致役す、5が兌の説（よろこ）び言う、6が乾の戦う、7が坎の労す、8が艮の成言す、である。

（6）太史公自序によると、二十にして江淮に遊び、会稽に登り、禹穴を探り、九疑・沅湘から斉魯を訊ね、梁楚を過ぎ、以て帰った、とあり、著名な古跡を遍くたずねている。司馬遷が聞いた黄帝と炎帝の阪泉の戦いは、戦国末にあった話。蚩尤との涿鹿の戦いは、同じころ山東西部・江蘇北部に発生した話。黄帝封禅は武帝の泰山封禅以後に付け加えられたものである。一方の「説卦伝」の前段の文言は、戦国末ないし漢初の易家が、当時用いていた八卦の次序すなわち震巽離坤兌乾坎艮の排列理由を説明するため、稷下の文学が作った炎黄革命譚の黄帝一代の事績を八段に分け、各卦に割り振ったものである。

補注 1　黄帝の正妃嫘祖と中国の養蚕伝説

中国の養蚕伝説は、①嫘祖伝説、②蚕叢伝説、③馬頭娘伝説がよく知られている。

①の嫘祖伝説は、『山海経』海内経に「黄帝の妻雷祖は昌意を生む。昌意は降って若水に住み、韓流を生む。韓流は……淖の子阿女をめとって帝顓頊を生んだ」とある。雷祖は嫘祖である。『史記』五帝本紀に黄帝は軒轅の丘に住み、西陵氏の女嫘祖を娶って正妃とし二子をもうけた。次子の昌意が若水に天降り、蜀山氏の女を娶り高陽顓頊を生んだ、とある。蜀山は綿陽市の北川県の北部に連なる山脈。綿陽市の東南部の塩亭県が嫘祖の故里。塩亭には80〜90篇の嫘祖伝説と100余所の聖跡がある。塩亭の名が示すように塩を産し、非常に古くから拓かれていた処である。

②の蚕叢伝説は、『太平御覧』巻888妖異部4変化下所引の前漢末の蜀人揚雄の『蜀王本紀』に「蜀王の先、名は蚕叢、後の代、名は柏濩（柏灌）と曰う。後の者、名は魚鳧。此の三代は各々数百歳。皆神化して死せず。其の民亦頗る王化に随うと去（「云」の誤り）う。云々」とある。蚕叢の叢は「むらがる」「あつまる」という意味。蚕叢は蚕の群れ、ないしは繭の群れ。家蚕の原種ないしは近縁種と考えられているクワコは、小さな繭を群れをなして作る。柞蚕・インドのタサール蚕・ヴェトナムのエリ蚕などは、大型の繭を作るけれども、群れをなして作ることはない。その蚕叢の墓が、いまの阿壩蔵族羌族自治州茂県にある。

③の馬頭娘伝説については、東晋・干宝の『捜神記』巻14につぎのような話がある。

昔、ある大官が遠方に出征し、家には娘一人が残っていた。淋しい一人暮らしに父親が恋しくなった娘が、飼っていた牡馬に「お前がお父様を連れて帰ったら、お嫁さんになってあげるよ」というと、馬は手綱をちぎって走り去った。馬を見た父親は驚いた。馬がしきりに悲鳴をあげるので、家に異変が起きたのではないかと、大急ぎで帰った。馬の真心に感心した父親が、まぐさをたっぷり与えたが、馬は見向きもせず、娘が家に出入りするのを見て、身を震わせ、足を踏みならす。不思議に思った父親が娘に尋ねると、娘がわけを話す。父親は、「お前は外に出るな」といい、馬を射殺し、皮を剥いで

庭に干した。ある日、父親が外出したあと、娘が馬の皮を踏むと、馬の皮が立ち上がり、娘を包み込んで飛び去った。それから数日後、庭の大木で蚕と化した娘が糸を吐いていた。その繭はふつうの繭より厚くて大きく、数倍の糸がとれた。それでその樹を桑と名づけた。桑とは喪の意味である。いま農家で飼っている桑蚕はこの品種である、と。

　同じような話が『太平御覧』巻479昆虫7所収の唐の皇甫某の『原化伝拾遺』に載っていて、これは場所を特定している。帝堯高辛氏の時代、蜀の地は群雄割拠の状態にあった。いまの広漢市の地の領主が隣国のために虜掠されてしまった。歳を経てもどらぬ父を案じて憔悴する娘を見、母親が家臣たちに、領主を取り戻した者に娘を嫁にとらせると布告する。敵将を怖れ、誰も行こうとしないとき、日頃領主が可愛がっていた愛馬が突然姿を消し、数日後領主を乗せて帰ってきた。人々は歓喜したが、馬は不服そうにしてエサも食べない。不思議に思った領主が妻に尋ねると、件の約束を話す。領主は「人間に対して約束したこと。畜生の分際で人間の娘を嫁にしようとは何事か」と怒って、馬を射殺し、その皮を庭に晒した。娘がその旁らに行くと、馬皮が突然娘を巻き込んで飛び去った。十日ほどして馬皮が帰ってくると、桑の木に掛かり、娘は蚕に化していた。悲しむ父母のもとに、馬に乗った娘が天から下り、自分は太上道君によって九宮仙娘の位を授けられ、天上で長生きしていると告げる。現在でも、蚕女の家が什邡・綿竹・徳陽あたりにあって、毎年繭の豊収を祈る者たちが集まる。蜀の道観には、蚕女の像や絵があって、馬の頭をかぶっている。人々は、これを馬頭娘と呼んでいる。

　これらの話を総合してみると、中国の養蚕伝説は、いまの四川省綿陽市、茂汶羌族自治区、徳陽市すなわち北緯31～32度、東経104～105度の山岳・丘陵地帯、岷江・沱江・涪江流域に集中していることがわかる。中国における養蚕の発祥地は、この四川省西部地区のどこかであろう。

　前記の馬頭娘伝説が長江・黒潮に乗って我が国に伝えられたのが、オシラさま伝説である。

補注2　司馬遷のフィールドワークと都広の野

　イ　『山海経』海内経に「都広の野はその城三百里（300里は107.46km）、

天下の中、素女（白絹）の出づるところ」とあり、西山経に「崑崙の丘に黄帝の下都がある」とある。崑崙の北麓、コータンの玉は古くから有名。

　ロ　同じく「海内経」に、「陶唐の丘に黄帝が造った建木があり、太陽を運ぶ鳥が通る」とある。

　ハ　『蜀王本紀』に「蜀民が希少だったとき、杜宇が天墮（成都の北の天回山、建木があるところ）に天降り、蜀王となり、汶山の下邑郫に治し、民を化した」とある。同書に蚕叢・柏灌・魚鳧三代の蜀王が各数百歳続き、皆神化して死なず、民がすこぶる王化にしたがったとあるのは、養蚕・柏植樹・鵜飼が盛んだということ。三星堆遺跡から、神樹・太陽神・蚕叢の仮面が出土している。

　ニ　『華陽国志』蜀志によると、「杜宇は洪水にあい、それを治めた相の開明に位を譲り、西山に隠れた。時たまたま２月、子鵑鳥が鳴いた。蜀人は子鵑鳥が鳴くのを悲しむ」とある。これは、西周第２代成王の初め、山西の陶唐国が謀反を起こしたため、一族の杜蜀国が陝西の西安近くに移封されたときの話である（拙稿『四川と長江文化』雄山閣、2003年、「補論一　杜伯国考」参照）。杜宇・蜀魂・不如帰と書いて「ほととぎす」と読む。司馬遷は、これらの話も聞き知っていたであろう。不如帰伝説は日本にも伝わり広く知られているからである。

補注３　黄帝研究の主要編著

編著を紹介すると、つぎの如くである。
森安太郎『黄帝伝説―古代中国神話の研究―』（京都女子大学人文学会、1970年）。
王献唐遺書『炎黄氏族文化』（斉魯書社、1982年）。
　　本書は著名な考古学者王献唐氏の遺書。著者は本書刊行の50年前、「初稿」と自署した原稿の修訂を待っていたが、抗日戦争中、後方への避難、解放後、病を得て死去、定稿を写成することができなかったものを、知友らが校閲・整理して上梓したもの。炎黄二族の後裔を博捜し、考古学・古音韻古文字学・古地理古民俗学等の角度から古代炎黄氏族文化の発展・変遷を全面的に検討した力作。
政協新鄭県委員会文史資料委員会・新鄭県黄帝故里故都游覧区籌建委員会『黄帝故文化』（中州古籍出版社、1991年）。

黄帝故里系列叢書編纂委員会編、劉文学主編『黄帝故里文献録』（中州古籍出版社、1996年）。

上海炎黄文化研究会学術委員会編『炎黄文化研究論文集』（学林出版社、1998年）。金西来等「試論炎帝和"炎黄之戦"」が収録されている。

第一章　周易説卦伝の八卦方位と音占い

　　はじめに
　1　変通は四時より大なるはなし
　2　揲筮の数
　3　音占い
　　　イ　音と数
　　　ロ　中国の三分損益法
　4　周原出土の数占の数は音律か
　　　　―あわせて連山・帰蔵の存否を問う―
　5　後天八卦の六十四卦と音律
　6　八音と八卦と楽器
　　　イ　五声・六律・八音
　　　ロ　儒教の台頭と八音の成立
　　　ハ　音色は音の全人格
　結　び
　補注1　「法象は天地より大なるはなし」について
　　　2　南宋秦九韶の大衍求一術について

はじめに

さきに私は、『周易』説卦伝第5章に、
　帝は震に出で、巽に齊い、離に相い見、坤に致役し、兌に説言し、乾に戦い、坎に労し、艮に成言す。
　万物は震に出づ。震は東方なり。巽は齊う。巽は東南なり。齊うとは、万物の絜齊するを言うなり。離とは明なり。万物皆相い見る。南方の卦なり。聖人南面して天下に聴き、明に嚮いて治むるは、蓋しこれをここに取れるなり。坤とは地なり。万物皆養を致す。故に坤に致役すと曰う。兌は正秋なり。万物の説ぶところなり。故に説言すと曰う。乾に戦うとは、乾は西北の卦なり。陰陽相い薄るを言うなり。坎とは水なり。正北方の卦なり。労卦なり。万物の帰するところなり。故に坎に労すと曰う。

艮は東北の卦なり。万物の終りを成すところにして始めを成すところなり。故に艮に成言すと曰う。

とある帝は黄帝で、「帝は震に出で」から「艮に成言す」までは、黄帝の事績を言ったものであり、「万物は震に出づ。震は東方なり。云々」とある文章とは関係がないとした[1]。

では、「万物は震に出づ。震は東方なり。云々」とある方位配当は、どのような理由でつけられたのか、その意味内容は如何なるものであるのか。

1　変通は四時より大なるはなし

繋辞上伝第11章に、

　　法象は天地より大なるはなく[補注1]、変通は四時より大なるはなし。

とある。

① 震に始まる理由は、デ・ホロートが、「東方は、万物の生命がそこに根ざしている場所として妥当に代表されており、偉大な生命の種因が毎日そこで生れているのである。そこが雷を代表する震の卦と全く同一であることは正しい。実際に春の季節は、言うなれば一年のうちの朝に当るから東方と同一であるが、特に中国では、南方のモンスーンの回帰によって起るものすごい大雷雨によって特色付けられている」[2]と言っているように、華北では春分。故に、卦名震。

② 立夏に、神前にささげものをして豊作を祈る。故に、卦名巽。

③ 夏至には、作物がきれいに並ぶ。故に、卦名離。離は、鹿の2頭が並んだ像。

④ 立秋には、作物がどんどん伸びる。故に、卦名坤。ただし坤は、易卦以外に訓義のない文字。湖南省長沙県馬王堆漢墓出土の帛易は、川に作る[3]。

⑤ 秋分に、収穫を説ぶ。故に、卦名兑。兑は、悦び笑う像。

---

(1) 拙稿「周易説卦伝の帝について」(『東方学会創立五十周年記念東方学論集』東方学会、1996年、所収)。

(2) デ・ホロート著、牧尾良海訳『中国の風水思想—古代地相術のバラード—』(1918→1986年、第一書房) 48頁。

(3) 邢文『帛書周易研究』(人民出版社、1997年)。

⑥　立冬は、空気が乾燥する。故に、卦名乾。

⑦　冬至は、夕日がつるべ落としに陥る。故に、卦名坎。坎は、あな。谷や川などの神を祭るために掘った穴。

⑧　立春は、一年の終わりの節分の翌日。故に、卦名艮。艮は、呪的目的で、聖所などに掲げる邪眼。とまる、かぎる等の意味がある。

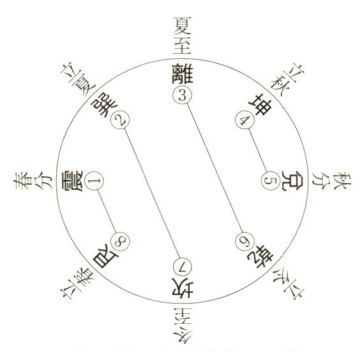

第1図　方位配当の八卦

①②③……は、各卦がその位地に在るときの数。かりにこれを背番号とよぶ。この方位配当の八卦は、文王が定めたとされ、伏羲が定めたといういわゆる先天八卦に対し、後天八卦という。震と艮、巽と坎、離と乾、坤と兌の背番号の数の和は、すべて9。9は一桁の自然数の極数、聖数。大川（大衍）の支流の像をなす。

2　揲筮の数

揲筮とは、巫が筮竹を数えて吉凶を知る卦を立てるということ。もとは、蓍（揲蓍という）を用いた。司馬遷は、『史記』巻128亀策列伝で「余、江南に至りて其の行事を観、其の長老に問うに云う。亀は千歳なれば乃ち蓮葉の上に遊ぶ。蓍は百茎、一根を共にす。又其の生ずる所、獣に虎狼なく、草に毒螫なし」と言っている。神草である。通常は、筮竹（長さ約45cm、短いものは約30cm）を用いる。

筮法は、繋辞上伝第9章に、

　　大衍の数五十。その用四十有九。分ちて二となしもって両に象り、一を掛けてもって三に象り、これを揲うるに四をもってし、もって四時に象どり、奇を扐に帰してもって閏に象る。五歳にして再閏あり。故に再扐して後に掛く。乾の策二百一十有六、坤の策百四十有四、凡そ三百有六十、期の日に当る。二篇の策は万有一千五百二十、万物の数に当る。この故に四営して易を成し、十有八変にして卦を成し、八卦にして小成す。引きてこれを伸べ、類に触れてこれを長くすれば、天下の能事

畢る[補注2]。

とあるが、簡略でよくわからない。唐の孔穎達（『周易正義』繋辞上）、宋の朱熹（『周易本義』筮儀、『易学啓蒙』、『文集』66 筮卦考誤）等の説明を整理すると、つぎの如くである[(4)]。

①　50本の筮竹を用いるが、1本を除き、49本で占う。まず49本を無心で二分し、左手の分を天策とし、右手の分を地策とする。　　　　〈第一営〉

②　地策を机上に置き、その中から1本を執り、左手の小指と薬指の間に挟み（これを扐に掛けるという）、人策とする。　　　　　　　　〈第二営〉

③　右手で左手の天策を4本ずつ数え、残り（扐という）を薬指と中指の間に挟む。残り0のときは、残り4とする。数えおえたら机上に置き、右手で地策をとりあげ、4本ずつ数え、残りを中指と人差指の間に挟む。残り0のときは、残り4とする。数えおえたら机上に置く。

左右の手の筮竹は計48本、4の倍数だから、左手の残りが4なら右手も4、1なら3、2なら2、3なら1。左右の残余の合計は必ず8か4。　〈第三営〉

④　小指の1本（人策）と左右（天策と地策）の残余の合計は、必ず9か5。
　　　　　　　　　　　　　　　　　　　　　　　　　　　　　　　〈第四営〉
　　　　　　　　　　　　　　　　　　　　　　　　　　以上が［第一変］

⑤　つぎに、49本－9本＝40本、もしくは49本－5本＝44本を用い、二分し、右手の分（地策）から1本執り、左手の小指と薬指の間に挟み、第一変同様、左右の筮竹を4本ずつ数え、残り0のときは、残り4とする。左右の手の筮竹は計39本もしくは43本、4の倍数－1だから、左手の残りが3ならば右手も3、1なら2、2なら1、3なら4。小指の1本と左右の残余の合計は、必ず8か4。　　　　　　　　　　　　　　　　　　　　　以上が［第二変］

⑥　つぎに、44本－8本もしくは44本－4本もしくは40本－8本＝32本もしくは40本－4本＝36本を用い、第二変と同様に揲筮し、小指の1本と左右の手の残余を加えると、合計は必ず8か4。　　　以上が［第三変］

⑦　第一変の残余が9か5、第二変が8か4、第三変が8か4、9と8が多い数、5と4が少ない数。

---

(4)　金谷治『易の話』（講談社、1972年）50〜56頁、参照。

第一章　周易説卦伝の八卦方位と音占い

　余りが5・4・4と三変とも少ない数の場合、その他の4本ずつ数えた筮竹は36本であるから、4本ずつ9回数えたことになる。九は老陽であるから爻も老陽とおき、重とよんで ═ の符号で記す。

　余りが9・4・4、または5・8・4、または5・4・8と、一つが多く二つが少ない場合、その他の筮竹の数は32本であるから、4本ずつ8回数えたことになる。その爻は少陰、拆(たく)とよんで ═ ═ の符号で記す。

　余りが9・8・4、または9・4・8、または5・8・8と、二つが多く、一つが少ない場合、その他の筮竹の数は28本であるから、4本ずつ7回数えたことになる。その爻は少陽、単とよんで ═ の符号で記す。

　余りが9・8・8と、三変とも多い場合、その他の筮竹の数は24本であるから、4本ずつ6回数えたことになる。その爻は老陰、交とよんで ═ ═ の符合で記す。

　こうして四営三変して、最初の一爻が得られる。

⑧　一卦は六爻であるから、十八変して一卦である。こうして得た卦を遇卦、本卦というが、老陰は少陽に、老陽は少陰に変じる必然性をもつ。それによって変じたものを、之卦(しけ)という。

⑨　以上は機械的な操作のみを記したものであるが、これは厳粛な儀礼のもとで行わなければならない（朱熹の『易学啓蒙』参照）。ただし、実際には、十八変する本筮法を簡略化した九変法、六変法等で行っている。

　前記のように、「二篇の策は万有一千五百二十、万物の数に当る」というが、揲筮の結果出た数を、奇数は陽 ─、偶数は ─ ─ で示しても、そこに秘められたサインを読み取ることは容易でない。のみならず、陰陽二項にするのに、変爻その他いろいろな約束ごとがあって、なぜ占った結果、卦名のように占断されるのか、説明が困難である。たとえば、あることを占ったところ ☰☶ となった。そして卦辞に「大畜(だいちく)、貞(ただ)しきに利(よ)ろし。家食せずして吉なり。大川を渉るに利ろし」とある。公田連太郎氏は、これについて、

　　次に「大川を渉るに利し。」大川といふは、二三四爻で出来て居る兌の卦は沢である。これが大川である。又、三四五爻で震の卦が出来て居る。震の卦は木であり、これを舟とする。震の卦の舟が兌の卦の沢の上を渡って居る形になって居る。又、三四五上の四爻の形は、三爻と上爻とが陽爻であって充実して居り、四五の二爻は陰爻であって空虚であり、外面

29

が充実して居って内部が空虚であり、これを舟の形と見る。この舟が兌の卦の沢の上を渡って居るのである。それによって、大川を渉るに利しという言葉が出て来るのである。今申したのは、卦の言葉を卦の象に当てて見たのである。

と説明されている[5]。

よほど、気転のきいた者でないとわからない卦だということになる。

六爻の大成の卦の象を解するには、内外卦の卦象を取って説明するのが普通であるが、二爻より四爻まで、三爻より五爻までの象を取って補うことができる。これを互卦という。六相互間の関係についても、初と四、二と五、三と上とが一陰一陽のときは応といい、両者とも陰あるいは陽の場合、不応・敵応といって嫌う、などなど、約束ごとがある。

高田真治氏は、たとえば占筮して求めるところの卦や爻を得たとしても、その求め得た本卦の中には、すでに之卦や互卦が含まれており、さらに包卦・伏卦・反卦等といって必然的に他の卦の意象が包蔵・反照されているから、充分に玩策する必要があり、占者の学識・経験・修養が要請される、と解説されている[6]。

3　音占い

イ　音と数

では、撰筮の結果出てきた数を、何とみるべきか。人間の五感(視・聴・臭・味・蝕)中、最も微細な相違を識別、弁別できるのは聴覚である。「普通の人が聞きうる最小の音は、3500ヘルツの場合、1平方センチあたり約 1.5×10^{-17} ワットの強さである、これは大気の吸収を無視すると約5000キロメートルはなれた50ワットの電球の光と熱の強さに相当する」[7]。

音波は、1.一様な媒質中では直進する。2.反射体にぶつかると入射角に等しい角度で反射する。3.伝播する媒体が変わると境界面で屈折する。4.物体

---

(5) 公田連太郎『易経講話二』(明徳出版社、1958年) 山天大畜の項。
(6) 高田真治・後藤基巳訳『易経(上)』(岩波書店、1969年) 68〜69頁。
(7) 橋本尚『楽器の科学—角笛からシンセサイザーまで—』(講談社、1979年) 53〜54頁。

第一章　周易説卦伝の八卦方位と音占い

の陰にも廻り込む。5. お互いに干渉し加算合成される[8]。

　音とは、空気の振動である。空気の圧力の平均（大気圧）より高い部分と低い部分ができて、それが波（音波）として伝わっていく現象である。音波の基本現象がさきのようであれば、擈筮して出た数を、陰陽二項になおして卦の形から判断するよりも、音律にしてその音律から何を感じるかを判断した方が、はるかに微細なことがわかるであろう。音律とは、音楽で使う音程関係を音響学的・数学的に規定したものをいう。そして、これに応じて楽器の音高を決定することを調律という。この音律では、各音の絶対音高ではなくて、相対音高が基礎となるので、音の振動数（ヘルツ）そのものでなく、振動数による比率が問題になる。

　カルル・シュトゥンプは、音楽の始まりは、オクターブの発見、楽音の成立からであると言っている。振動が２倍になると、同じ音に感じる。「オクターブ等価性」という[9]。

　伝説によれば、紀元前2697年頃、黄帝は伶倫に音律をつくるように命じた。伶倫は、音律の音高を決める笛をつくるために西方に向かい、大夏の西の崑崙山の北にあたる谷間で、すばらしい竹をみつけた。そして、節の均等な竹を選び、３寸９分の長さに竹を切り取って、その竹の管を吹き鳴らして黄鐘という基準の音高にしたという。そして、竹の管を12本つくり、そのうちの６つの管の音高を鳳凰の雄の鳴き声に合わせ、残りの６つの管の音高を雌の鳴き声に合わせた。これらの12本の竹の管が生みだす音高は、はじめの竹の管から得られた音高から導きだされたという[10]。

　音律をつくるために、なぜ西方に向かったのか。伝説にある大夏とは、トカラという国であったといわれているが、地理的には中央アジア、現在のアフガニスタンの北の地域にあたる。藤枝守氏はクルト・ザックスの『音楽の起源』により「ザックスによると、トカラ人とは紀元前13世紀以来、ゴビ砂漠の東南の地域にいた民族で、西方と東方の文明の橋渡し的な存在だった

---

(8) 大蔵康義『音と音楽の基礎知識』（国書刊行会、1999年）21〜25頁。
(9) カルル・シュトゥンプ著、結城錦一訳『音楽のはじめ』（法政大学出版局、1911→1995年）第一部　音楽的所作の源泉と原始様式。

前編　音占い

1	$9 - \dfrac{9}{3} = 6$		① 9	宮		① 9	律	黄鐘
2	$6 + \dfrac{6}{3} = 8$		② 8	商		② 8.4281	呂	大呂
3	$8 - \dfrac{8}{3} = 5.3334$		③ 7.1112	角		③ 8	律	太族
4	$5.3334 + \dfrac{5.3334}{3} = 7.1112$		④ 6.3211（変徵）			④ 7.4916	呂	夾鐘
5	$7.1112 - \dfrac{7.1112}{3} = 4.7408$		⑤ 6	徵		⑤ 7.1112	律	姑洗
6	$4.7408 + \dfrac{4.7408}{3} = 6.3211$		⑥ 5.3334	羽		⑥ 6.6532	呂	中呂
7	$6.3211 - \dfrac{6.3211}{3} = 4.2141$		⑦ 4.7408（変宮）			⑦ 6.3211	律	蕤賓

$6.3211 + \dfrac{6.3211}{3} = 8.4281$　⑧ 4.2141　宮　　⑧ 6　律　林鐘

$8.4281 - \dfrac{8.4281}{3} = 5.6187$　⑨ 5.6187　呂　夷則

$5.6187 + \dfrac{5.6187}{3} = 7.4916$　⑩ 5.3334　律　南呂

$7.4916 - \dfrac{7.4916}{3} = 4.9944$　⑪ 4.9944　呂　無射

$4.9944 + \dfrac{4.9944}{3} = 6.6532$　⑫ 4.4472　呂　応鐘

$6.6532 - \dfrac{6.6532}{3} = 4.4472$　←十二律呂の呂はこの枠内の数

※五声　宮商角徵羽
※六律八音の1オクターブ上の宮は、8音中最も高い音（少ない数）

第1表　三分損益法による十二律の排列

という。紀元前1000年頃には、その高い文化も絶滅したと伝えられているが、おそらく古代中国は、このような人々との交流を通じて、西方のさまざまな文化を積極的に取り入れ、調律の方法もそのひとつだったように思われる」とのべている[11]。

音楽の東西交流は古くからあったであろうが、中国の十二律は、9を起点

---

(10) 伶倫がつくったという調律のための竹の楽器を籟とよぶが、崑崙山谷に竹が生えていたとは思えない。南方の笙の知識によってつくられた話であろう。生明慶二氏の調査によれば、貴州省黔県の東南地区苗族の部落には、それぞれ長さの異なる6本の竹管を組み合わせた葫芦笙が、大・中・小の三種あるという。（同氏「『伝承機能音階』論序説―西南中国における『伝承機能音階』の成立と変容、雲南納西族を中心として―」学習院大学東洋文化研究所『調査研究報告』25〔漢民族を取り巻く世界〕、1998年、46～47頁）。葫芦笙とは笙をひょうたんの中で吹き、共鳴させる楽器。

第一章　周易説卦伝の八卦方位と音占い

の宮とした三分損益法（後出）による六律が、7回目で1オクターブを越えるので、マイナスすべきところをプラスにし、それを起点に三分損益し、多い順に並びかえ、9を律（陽・雄の声）、つぎを呂（陰・雌の声）というように、交互に律呂としたものである（表1参照）。『呂氏春秋』仲夏紀第5を初見とし、陰陽説が出来て以後の音律である。

　1980年代に河南省舞陽県賈湖の新石器時代の遺跡（推定年代は紀元前7000年から同5700年）から30個以上の破片とともに見つかった角笛は、ほぼ完全な形のもの6本。タンチョウヅルの尺骨で作られたもので、長さ17〜24cm。側面に5〜8個の穴が一列に並んでおり、縦笛にようにして吹いていたと思われる[12]。中国とアメリカの共同研究グループがそのうち最も保存状態のよい笛で音を出したところ、7つの穴で現代の音階とほぼ一致するラ・シ・ド・レ・ミの5音とファのシャープ音が出た。中国の民謡を演奏してみたら、哀愁を帯びた柔らかい音色であったという。1999年9月23日発行のイギリス科学誌NATUREに「演奏できる世界最古の楽器」として発表された[13]。

　1オクターブを8音階にデジタル化したのは、ピタゴラスである。ピタゴラスは、ギリシャ七賢人の一人、数学の父ターレスと同じギリシャのイオニアの生まれ。先輩と同じくエジプトに留学し、天文学・哲学・数学を学んだと伝えられる。「直角三角形の対辺を一辺とする正方形の面積は、他の二辺のおのおのを辺とする正方形の面積の和に等しい」という有名なピタゴラスの定理は、ナイル川の氾濫後の土地再区画法をみて考え出したもの。そして、レリーフ壁画の楽器から調和音列を発見。「万物は数である」という考えにいたった。

---

(11) 藤枝守『増補　響きの考古学—音律の世界史からの冒険』（平凡社、2007年）47頁。
(12) 河南省文物研究所「河南舞陽賈湖新石器時代遺址第二至六次発掘簡報」、黄翔鵬「舞陽賈湖骨笛的測音研究」（『文物』1989年第1期所収）参照。
(13) NATURE 23 september 1999, Oldest playable musical instruments found at Jiahu early Neolithic site in China.

ピタゴラスの音律は、周波数2対3の比によって5度（音高の間隔がピアノの白鍵で五つになる関係）[14]を順次積み重ねて、各音を確定、これらの音を8度（1オクターブ、周波数比1対2）に集めて音階をつくったもの。

　ただし、ピタゴラスは、根音の周波数を1とすれば、第二音の周波数は $1 \times 3 \times \frac{1}{2} = \frac{3}{2}$（1.5）、第三音の周波数は $\frac{3}{2} \times 3 \times \frac{1}{2^2} = \frac{3^2}{2^3}$（1.125）、第四音の周波数は $\frac{3^2}{2^3} \times 3 \times \frac{1}{2} = \frac{3^3}{2^4}$（1.6875）……となる3のベキ乗を作る手順を12で打ち切り、$\frac{3^{12}}{2^{18}} \fallingdotseq 2.02729$ を2と見なした。0.02729がピタゴラスのコンマである。平均律の1オクターブ1200セントに対し24セントである。

ロ　中国の三分損益法

　中国の三分損益法は、前掲の十二律の作り方の表で見たように、9を宮とし、9から9の三分の一を引いた6を徴とし、6に6の三分の一を加えた8を商とし、8から8の三分の一を引いた5.3334を羽とし、5.3334に5.3334の三分の一を加えた7.1112を角とし、7.1112から7.1112の三分の一を引いた4.7408を変宮とし、4.7408に4.7408の三分の一を加えた6.3211を変徴とし、6.3211から6.3211の三分の一を引いた4.2141を1オクターブ上の宮とし、9から高い音順に並びかえたものである。ただし、宮の9は実数ではなく、9は聖数であり、また、9とすれば最初の二、三回は小数点以下の端数がなく、計算がしやすいからでもある。

　それにしても、中国では、占いに、どうして三分の一分法による音律を使ったのか。周の1尺は22.50cm、6尺で1歩、300歩で1里（405.0m）。400m四方の耕地は、華北の黄土地帯では、ごく自然であった。孟子は周の井田制について「方百里にして井す。井は九百歩。其の中が公田たり。八家皆百畝を私し、同じく公田を養う。公事畢りて、然る後敢えて私事を治む。」（『孟子』滕文公章句上）と説明している。孟子は、詩経に「我が公田に雨ふり、遂に我が私に及べ」とあるのを、助（8家が公田を耕すこと）が行われていた証拠としてあげている（同上）。1里四方の耕地を9分割し、中央を公田とし、他

---

(14) 五度円とピタゴラス音律の関係については、小方厚『音律と音階の科学―ドレミ…はどのようにして生まれたか―』（講談社、2007年）46~57頁参照。

は私田とすれば、1区画は135m四方、18,225m^2。河川ないし湧水で灌漑し、手用農具の耜で耕すオアシス農業である。三分の一分法は、周人の生産の場から生まれた考え方である。周人がそうした音律で吉凶を占った点が、不安定な天水農業と狩猟を生業とした殷人が、卜占によってひたすら祖霊の意向をうかがっていたのと異なる。

三分の一分法に関していえば、後代でも、中国では、過半数制をとらず、三分の一を小半、三分の二を大半とし、大半を越せばはじめて全体と認める。たとえば、湖北省雲夢県睡虎地秦簡法律答問に、

> 害盗別徼而盗駕皋之・可謂駕皋・五人盗臧一銭以上斬左止有鬻以為城旦不盈五人盗過六百六十銭黥劓以為城旦不盈六百六十到二百二十銭黥為城旦不盈二百二十以下到一銭遷之求盗比此

とある。意味は、

> 害盗（盗賊を巡捕する役人）が巡察中に巡卒を分けて盗を為せば、これに加罪す。何を加罪と謂うのか。5人で盗し、臧1銭以上ならば、斬左趾し、また城旦と為す。5人未満で、盗660銭を過ぎれば、黥劓（いれずみ・はなそぎ）して城旦と為す。660銭に満たず、220銭以上ならば、黥して城旦と為す。220銭以下1銭までのものは、これを遷す。求盗の場合も、これと同例とす。

ということ。また、同じく法律答問に、

> 司寇盗百一十銭先自告可論当耐為隷臣或曰貲二甲

とある。意味は、

> 司寇が110銭を盗み、先に自首した場合は、どんな罪になるのか。耐して隷臣と為すに当たる。或いは貲二甲ともいう。

ということ。660銭は1000銭の三分の二、220銭は三分の二×三分の一、110銭は三分の一×三分の一である。

三分損益法は、中国人が考え出した方法である。

4　周原出土の数占の数は音符か
　　　──あわせて連山・帰蔵の存否を問う──

1930年代、郭沫若氏は、湖北省孝感県出土の周初の青銅器中方鼎の銘文

末尾に袞裘とある奇字を族徵かとされた。その後の調査・発掘によると、同様な奇字が、1950年、殷虛、1956年、周原出土の卜骨・青銅器の銘文に書かれていた。張政烺氏が整理されたものによると[15]、① 総数32条 ② 奇数は一・五・七、偶数は六・八で表記されている。③ 32条中7条が3個の数字よりなり、それらは奇数・奇数・奇数、奇数・奇数・偶数、奇数・偶数・奇数、偶数・奇数・奇数、偶数・奇数・偶数、偶数・偶数・奇数、偶数・偶数・偶数である。したがって奇数・偶数・偶数のものがあったはずである。これは八卦である。④ 他の25条は、残欠のある2条をふくめて、6個の数字よりなる。これらは八卦を重卦した六十四卦のいずれかである。

　揲筮によって出た数のうち1＝一、5＝七、6＝八、7＝十、8＝八、9＝九の6数を用い、2、3、4が出た場合は、2は七に、3は八に、4は九に変え（動数）、出た順に下から積み重ね、3字8種、6字64種の数字の組み合わせを音符として、しかるべき楽器によって演奏し、その音によって吉凶禍福を占ったのではないか。周原出土の数占の数は音符である。

　ちなみに、周原出土の6個の数字を縦に重ねた形は、あたかも山を連ねたようなので、連山と呼んだのであろう。これが、『周礼』春官大卜の条に「三易の灋（法）を掌る。一に曰く連山、二に曰く帰蔵、三に曰く周易。其の経卦は皆八、其の別は皆六十有四なり」とあるもと連山と呼ばれていた数占であろう。

　では、「周易」の前に連山・帰蔵なる易があったといえるかどうか。清・朱彝尊の『経義考』巻2・3および馬國翰輯『玉函山房輯佚書目』巻1経編易類に「連山一巻」「帰蔵一巻」とあり、それぞれ連山、帰蔵の経文を載せているが、卦名に違いがあり、経文が著しくちがう。連山は、『北史』巻82儒林伝下によれば、劉炫の偽作、帰蔵も戦国時代の偽作である。帰蔵については、後編第二章1の「秦代にはあった「帰蔵」」を見られたい。ところが、後漢の桓譚の『新論』に「連山八万言」「帰蔵四千三百言」とある。『後漢書』巻28上桓譚伝によれば、桓譚は音律を好み、鼓琴を善くし、博学多通、五経を遍習し、最も古学を好み、しばしば劉歆・楊雄と疑異を辯析したという

---

(15) 張政烺「試釈周初青銅器銘文中的易卦」（『考古学報』1980年第4期）参照。

学者である。「連山八万言」「帰蔵四千三百言」に根拠があった筈である。
　そこで、連山の策数を数えてみると、組み合わせは、動数したもの＝6の6乗＝46,656、本来2・3・4であったもの＝46,656÷2＝23,328、計69,984。『新論』はこれを8万言とした。しかし、これでは占いにならない。そこで、これを簡略化したのが帰蔵である。やり方は、奇数は九、この九は記号であり策数、8本ずつ数え、残りを奇偶に分ける。奇数は九、偶数は六、九・六は記号であり、策数。9×8＝72策、同じく6×8＝48策。計＝120策。動数＝(3+3)2乗＝36策。120策×36策＝4320策。これは『新論』の4300言に近い。これによってみると、『周礼』のいうように、「周易」のまえに、このような試みがなされていたと考えてよい。つまり、後代世間で行われていた連山・帰蔵とは別に、このような数の操作を経なければ、今の「周易」は出来なかったということである。ただし、帰蔵の蔵は漢代にはじまる文字であるので、当時何と呼んでいたか不明。
　「変通は四時より大なるはない」ゆえ、揲筮ででた3字8種の記号は、九六六＝春雷＝震＝春分、六九九＝神へのお供え＝巽＝立夏、九六九＝作物が綺麗に並ぶ＝離＝夏至、六六六＝何処までも伸びる＝坤＝立秋、九九六＝収穫を悦ぶ＝兌＝秋分、九九九＝空気が乾燥する＝乾＝立冬、六九六＝つるべ落としの夕日＝坎＝冬至、六六九＝終わりと始め＝艮＝立春である。ただし、至分四立を重卦しても何の意味も生じない。そこで、1オクターブの音を三分損益法でデジタル化した宮・商・角・変徴・徴・羽・変宮・1オクターブ上の宮とし、宮＝坤、商＝兌、角＝震、変徴＝巽、徴＝離、羽＝坎、変宮＝艮、1オクターブ上の宮とし、旋律和音を所定の楽器で演奏し、その音色を盲目のかたりべ（瞽師、次章で紹介）が聴いて想起した象によって王が占断した[16]。
　揲筮法は、先に紹介した朱熹の「筮儀」の本筮法は甚だ複雑なので、はじめは、多分、一般の易者が用いている新井白蛾（江戸時代）の『易学小筌』に見える略筮法に近いやり方であったであろう。
　　筮竹50本から1本を引き、太極にあてる。　残りの49本を任意に左右

(16) 但し現行『周易』の卦爻辞は、陰陽占いに符合するよう書きかえている。

に二分。右手の1本を左手の小指と名無指の間に挟む、扐に掛けるという。　左手の筮竹を右手で8本ずつ（2本ずつ4度）数え、8で割り切れた場合は残さない。　扐に掛けた1本を加え残数を数える。　残りが1ならば乾、2ならば兌、3ならば離、4ならば震、5ならば巽、6ならば坎、7ならば艮、8ならば坤。これを内卦とする。　つぎに49本を同様に操作して、外卦とする。　つぎに49本を左右に割り、右の1本を左小指に掛け、左手の筮竹を6本ずつ（2本ずつ3度）数え、割り切れたら残さない。小指の1本を加え、1ならば初爻、2ならば第二爻、3ならば第三爻、4ならば第四爻、5ならば第五爻、6ならば上爻が変爻となる。その卦の変の辞が答である。

　これが、「周易」である。卦名は、瞽師が感じた音色の印象によって、泰（安泰）とか、否（安泰でない）とか、復（とりもどす）とか、豫（与える）というように名付けられた。

　易に携わった瞽師は、音楽に優れ、歴史に詳しい、候気能力を持った天才であり、貴族の子弟の教育にあたり、死ねば楽祖の尊号をうけ、宗内に祭られた。だから、同じ旋律を聴いても、より真相に迫った象をとらえ得たであろう。

5　後天八卦の六十四卦と音律

　後天八卦は、先天八卦が天地自然の姿を像したものに対し、四時の変化を像したもの。春雷の春分にはじまり、卦名は震。作物の生長を祈り、神前に供え物をする立夏の巽。作物がきれいにそろう夏至の離。作物がどんどん伸びる立秋の坤。収穫をよろこぶ秋分の兌。空気が乾燥する立冬の乾。夕日がつるべ落としに落ちる冬至の坎。節分の翌日の立春の艮。

　しかし、至分四立を積み重ねても意味をなさない。それで、八卦を楽音にすると、三分損益法による楽音は以下のようになる。

　始発1が中央で、楽名は宮。2. つぎに、兌に西して楽名が商。3. つぎに、震に東して楽名が角。4. つぎに、時計廻りして離の楽名が徴。5. つぎに真下の坎に至り、楽名が羽。この宮・商・角・徴・羽が五声。それに、6. 角から時計回りして巽の楽名が変徴。7. 羽から時計廻り

第一章　周易説卦伝の八卦方位と音占い

して艮の楽名が変宮。8.変宮から中央の宮に進んだのが1オクターブ上の宮、ド・レ・ミ……でいうと中央のドに相当する宮である。そこで、1の中央の宮を南西の坤に移し、8の宮を西北の乾に移すと、1の宮から時計廻りに2の商、東して3の角、時計廻りして4の変徴、ついで5の徴、つぎが真下の6の羽、つぎに時計回りして7の変宮、つぎが中央から西北に移った8の宮ということになる。

第2図　後天八卦と楽名

そうした後天八卦の8音を重ねると六十四卦の音ができる。その64の楽音を聞いて浮上した象で吉凶禍福を占った。その象が、六十四卦の卦名である。

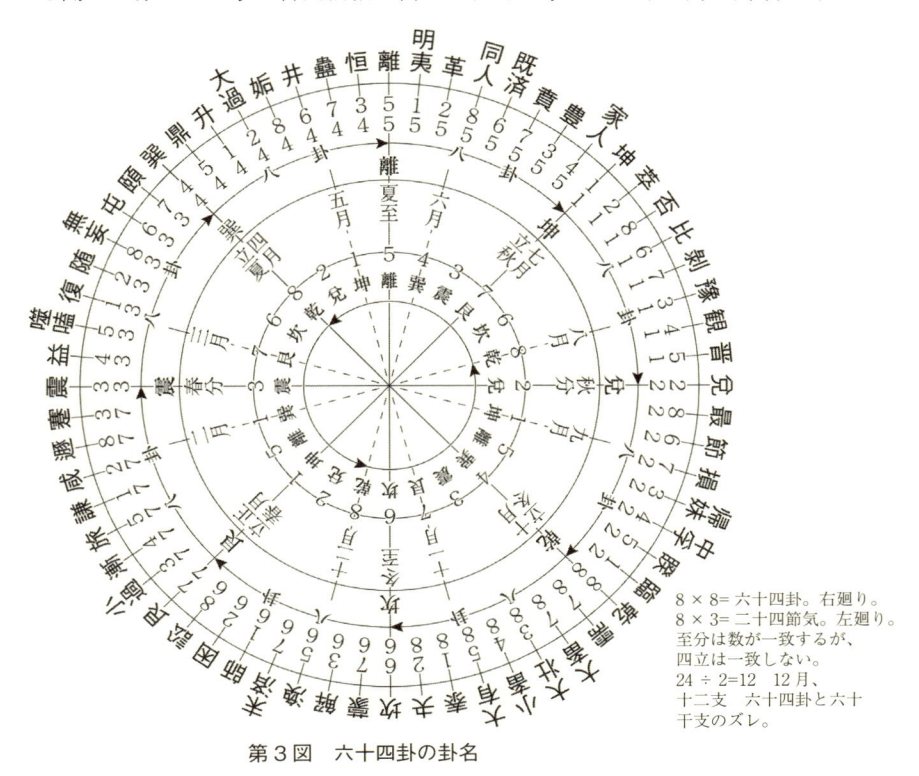

第3図　六十四卦の卦名

8×8=六十四卦。右廻り。
8×3=二十四節気。左廻り。
至分は数が一致するが、
四立は一致しない。
24÷2=12　12月、
十二支　六十四卦と六十干支のズレ。

39

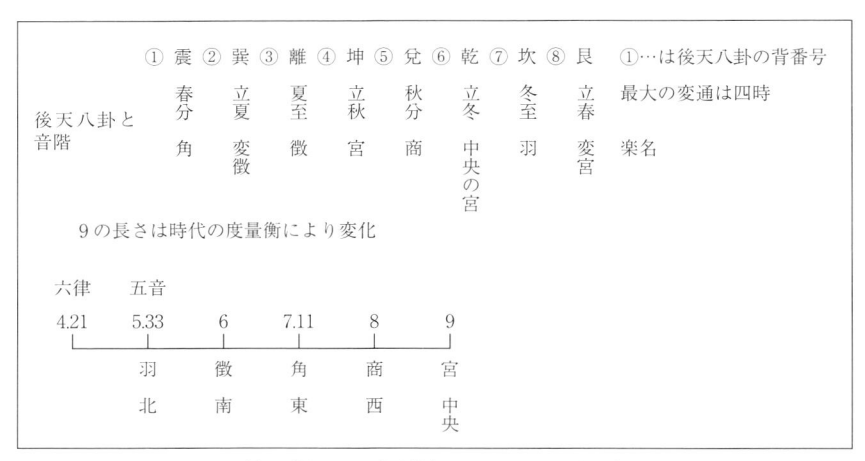

```
┌─────────────────────────────────────────────────────────────┐
│            ①震 ②巽 ③離 ④坤 ⑤兌 ⑥乾 ⑦坎 ⑧艮  ①…は後天八卦の背番号 │
│                                                              │
│           春  立  夏  立  秋  立  冬  立     最大の変通は四時  │
│  後天八卦と 分  夏  至  秋  分  冬  至  春                    │
│  音階                                                        │
│           角  変  徴  宮  商  中  羽  変     楽名             │
│               徴          央      宮                         │
│                           の                                 │
│                           宮                                 │
│                                                              │
│    9の長さは時代の度量衡により変化                            │
│                                                              │
│        六律      五音                                        │
│        4.21    5.33      6      7.11     8       9          │
│                 羽       徴      角      商      宮          │
│                 北       南      東      西      中          │
│                                                  央         │
└─────────────────────────────────────────────────────────────┘
```

第4図　三分損益法による後天八卦の音階

6　八音と八卦と楽器

イ　五声・六律・八音

声と律と楽の関係について、欧陽脩は『新唐書』巻21礼楽志11で、

> 声は形なくして楽は器あり。古の楽を作る者は、夫の器の必ず弊ありて、声は言を以て伝えるべからずを知り、夫の器失して声遂に亡ぶるを懼るるや、乃ち多くこれが法を作りて以てこれを著す。故に始め声を求める者は律を以てし、律を造る者は黍を以てす。一黍の広さより、積みて分・寸をなし、一黍の多さは、積みて龠・合となし、一黍の重さは、積みて銖・両となす。此造律の本なり。云々

と言っている。声には形がない。だから、楽を作る者は、律を作り、その律によって楽器を作る。律は、法である。法とは、灋。灋は牛の皮袋。律をおかした者を牛の皮袋に入れて水に流すことである。律は、そうした決まり事である。楽は、その決まり事に調律された楽器である。八音とは、1オクターブを8音階に調律した楽器である。

はじめどのような楽器が用いられたか定かでないが、後代には、8種の楽器が定められた。『礼記』第7巻楽記第19には、坎は壎（土笛）、艮は管、震は鼓、離は絃、兌は鐘、乾は柷敔（木製の打楽器）と6種しか挙げていな

いが、『白虎通』礼楽第6は、
　一説、笙・柷・鼓・籥（小管で編んだ笛）・(瑟)［琴］・塤（土笛）・鐘・磬なり、其の次の如し。笙は北方に在り、柷は東北方に在り、鼓は東方に在り、籥は東南方に在り、琴は南方に在り、塤は西南方に在り、鐘は西方に在り、磬は［西］北方に在り。
と、8種とその位地を記している。

　『白虎通』（『白虎通通義』、『白虎通徳論』）は、章帝建初4年（79）、古文派・近文派による五経の解釈の異同がめだったので、宮中の白虎観で諸儒を集めて議論させた『白虎議奏』とは別に班固が議論の記録を整理編集したもの。一説は、1. 宮は塤、2. 商は鐘、3. 角は鼓、4. 変徴は籥、5. 徴は琴、6. 羽は笙、7. 変宮は柷、8. 1オクターブ上の宮は磬としている。8種の楽器がそろったのは、はやくとも戦国初期であろう。礼楽を重視した儒教が台頭した時期である[17]。

ロ　儒教の台頭と八音の成立

　礼を重視したのは、子游・子夏、戦国末の荀子である。子游、名は言偃。子夏、名は卜商。荀子、名は況。心を重視したのは、曾子・子思・孟子である。曾子、名は参、字は子輿、『孝経』の著者とされている。子思は孔子の孫、『中庸』の著者とされている。孟子は、子思の門人に学んだといわれている。名は軻。孟子が性善説を説き、内省を重視したのに対し、荀子が性悪説を説き、礼による規制を重視したのは周知のところ。

　荀子は、楽論篇第20で、
　楽は、聖人の楽しむ所なり。而して以て民心を善くすべく、其の人を感ぜしむること深く、其の風を移し、俗を易え、故に先王これを導くに礼楽を以てし、而して民和睦す。……且つ楽たるや、これを和するに変ずべからざる者なり。礼たるや、これを理むるに易えるべからざる者なり。楽は同を合し、礼は異を別つ。云々

---

(17) 楽器については、日本でも滝遼一『中国音楽再発見　楽器篇』（第一書房、1991年）、栗原圭介『中国古代楽論の研究』（大東文化大学東洋研究所、1978年）などがある。

と言っている。また、『白虎通』は礼楽第6で『孝経』を引き、
　　故に孝経曰く、上を安んじ民を治むるに礼より善きはなく、風を移し俗を易えるに楽より善きはなし。
と言っている。

　孔子が斉に適（ゆ）き、韶の音（舜が作ったとされる音楽）を聞き、三月肉味を不知（わすれ）たという（『史記』巻47孔子世家第17）。韶音がどのようなものであったかわからないが、『礼記』巻7楽記に、魏の文侯が古楽と新楽について子夏に問うた話が載っている。
　　魏の文侯子夏に問う、吾冕（礼装）を端（ただ）して古楽を聴けば、則ち唯臥（ねむけ）を恐る。鄭衛の音を聴けば、則ち倦を知らず。敢えて問う、古楽の彼の如きは何なりや、新楽の彼の如きは何なりや。子夏対えて曰く、今夫古楽は、旅（舞人たち）を［一斉に］進め旅（舞人たち）を［一斉に］退く。正に和して以て広（ゆったりとする）む。弦匏笙簧は、会して拊鼓（つづみの一種）［の先導］を守る。始めて奏するに文［徳］を以てし、乱を復するに武［徳］を以てし、乱を治むるに相（皮袋でつくった楽器）を以てし、疾を訊（おさ）むるに雅（拍子をとる楽器）を以てす。君子是において語り、是において古を道い、身を脩め家に及ぼし、天下を平均す。此古楽の発（作用）なり。今夫新楽は、俯（姦邪の声）を進め俯に退く。姦声は以て濫し、溺して止まず。優侏儒に及び、子女を獶雜し、父子を知らず、楽は終に以て語るべからず、以て古に道（みちび）くべからず。此新楽の発（作用）なり。云々。

　そして、新楽について、子夏は具体例を挙げ、
　　鄭音は濫を好みて志を淫す。宋音は女に燕（やす）んじて志を溺らす。衛音は趣数（そくそく）（速すぎ）にして志を煩しくす。斉音は敖辟（おごりたかぶる）にして志を喬くす。此の四者は皆、色に淫して徳に害あり。云々
と、人君たる者は、その好悪するところを謹まなければならないと言っている。

　巷で流行している新楽に対し、古楽は、抑揚の少ない退屈なものであったらしい。キーボーディスト長池秀明氏から聞いた話であるが、氏が香港の楽器商の依頼で北京に行き、公会堂で演奏したところ、声楽では頭のてっぺん

からでているような高音で歌うのに、古いタイプの人は、電子楽器に関しては、1オクターブを越えると拒絶反応を示すとのことである。とすると、音程の少ない楽音から、どうして繋辞上伝が「二篇の策は万有一千五百二十、万者の数に当る」と言っているサインを聞きとることができるのか。それは、音色によってである。

　ハ　音色は音の全人格

　音高や音量が音色を構成する重要な要素であることは間違いないが、現在では、音色とは、ある音がその音であると聞こえてくる個性すべてを統合したもので、いわば音の全人格とでも考えた方がよいと言われている。

　音色知覚の特徴は、多次元的な知覚にある。多くの研究によって、音色知覚を説明するには少なくとも三次元が必要であることが明らかになっている。逆に三次元あると、ある音の音色を大局的には表現可能であるという。

　　これらの三次元を、音色を表すことばと対応させた研究によれば、「美しい」「快い」「澄んだ」などの"美しさ"を表す軸と、「豊かな」「力強い」などの"迫力"を表す軸、「明るい」「華やかな」「キラキラした」などの"明るさ"や"甲高さ"を表す軸が見つかっている。このように、音色を表現することばには「澄んだ」「明るい」「キラキラ」のようになぜか視覚に関係したものが多い。また、この"美しさ""迫力""明るさ（甲高さ）"から成る音色の三次元的な知覚は、世代を超えて安定的に見られる。音楽の好みは大きく違っても、音色の心理的な空間の構成は共通だというのは、実に興味深い。云々[18]

　ただし、問題なのは、演奏する場所と環境である。尺八演奏家の中村明一氏は、一般的に、音は、一つの音として聞こえる場合でも、複数の音による複合音からなっている、さまざまな音がどのように含まれているかによって、音色はつくられる、音色（音質）をつくっているのが「倍音」である、と倍音の重要性を強調されたうえで、

---

(18) 日本音響学会『音のなんでも小事典―脳が音を聴くしくみから超音波顕微鏡まで―』（講談社、2009年）48〜49頁。

前編　音占い

　　私自身も、海外では、この住環境の違いから、面白い経験をしました。
　あるときドイツ、ケルンの教会でWDRというドイツの国営放送のため
　のコンサートでの演奏を依頼されました。ロマネスク様式の丸天井の教
　会です。
　　教会や寺院というのは、その国・土地の風土を象徴する建物です。日
　本であれば、神社やお寺が木や土からできていて、回りには鎮守の森が
　あることを思いだしてください。ドイツにおいてコンサート会場になっ
　た場所は、日本とは対照的に、音がとてもよく反射する石の空間でした。
　私はそこで、即興演奏を行うことになり、日本にいるときと同じように、
　大体の構図を決めました。高音を吹くと共に倍音を多く出してピークを
　作ろうと思ったのです。
　　けれど、リハーサルをしてみて驚きました。倍音を含んだ高音が聞こ
　えない。非常に小さい音になってしまったのです。どういう音なら聞こ
　えるのか、と思い、倍音を少なくして、なるべく低い音を吹いてみたと
　ころ、教会じゅうがヴォーンと鳴り響いたのです。
　　そこで、急遽、計画を変更して、最初は小さな音で倍音の多い高音を
　鳴らし、ピークに低い音で教会を響かせるという構成で即興演奏しまし
　た。
　　建築の構造が、音楽の構造にまで影響を及ぼすということを知ったこ
　の体験は、非常に貴重なものでした。
と述懐されている[19]。
　橋本尚氏によれば、「音色を聞くことによって合奏中の楽器の種類はわか
るし、一つの楽器でも、倍音の種類の見当がつく」そうである[20]。
　国家の大事を占うのであるから、場所は明堂であろう。明堂は、王者の太
廟で、上帝を祀り、祖先を祭り、諸侯を朝見し、政教を宣明する処。その制
は諸書によって違うが、『周礼』巻41考工記匠人の条には「周人明堂、度は

---

(19) 中村明一『倍音―音・ことば・身体の文化誌』（春秋社、2010年）79～80頁。
(20) 橋本尚『楽器の科学―角笛からシンセサイザーまで―』（講談社、1979年）58頁。

第一章　周易説卦伝の八卦方位と音占い

九尺の筵、東西九筵、南北七筵、堂崇一筵、五室、凡室二筵」とある。筵は座席。考工記は五室を並列しているが、『礼記』月令第6によれば、「中に太室を建て、四方に青陽・明堂・総章・玄堂各三室を建て、明堂は専ら南面の堂を指し、三室の中央の一室を太廟といい、両側を左右个という」とある。音占の担い手と場所は、音占を行う絶対条件である。

結　び

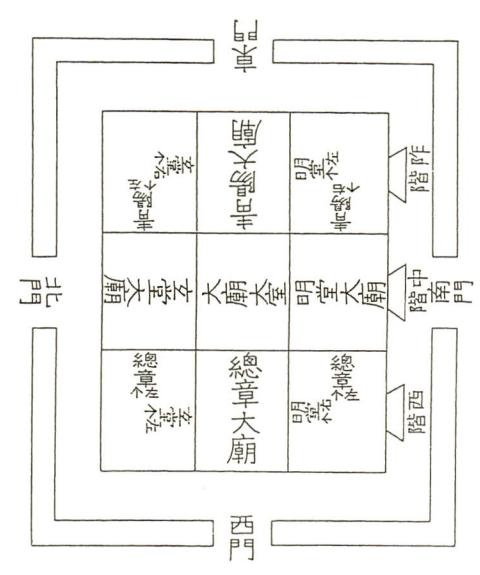

第5図　明堂（『礼記』図より）

(1) 円の真上から左廻りに乾兌離震と廻り、右ななめ上に移り、巽から右廻りに坎艮坤にいたるいわゆる先天八卦に対し、左から右廻りに震巽離坤兌乾坎艮にいたるいわゆる後天八卦の方位配当は、繋辞上伝に「法象は天地より大なるはなく、変通は四時より大なるはなし」とあるように、先天八卦が天地自然の姿を像したのに対し、四時の変化を像したものである。華北では、四季は春分の春雷にはじまる、八卦は震とよぶ。立夏に豊作を祈るため神前にささげものをする、巽とよぶ。夏至に作物が奇麗に並ぶ、離とよぶ。立秋には収穫を悦ぶ、兌とよぶ。立冬は乾燥がはげしい、乾とよぶ。冬至は夕日がつるべ落とし、坎とよぶ。立春は一年のしまい節分の翌日、艮とよぶ。震の背番号を①とすると、巽②、離③、坤④、兌⑤、乾⑥、坎⑦、艮⑧。震－艮、巽－坎、離－乾、坤－兌の背番号の和はすべて9。川の流れの状をなす。大衍（多くの支流をもつ川）の支流である。

(2) 卜占と筮占の違いは、卜占が獣骨・亀甲の割れ目によって吉凶を判断したのに対し、筮占は50本（大衍の数）の蓍を操作し、出た数（爻）3個を積み重ねたものを八卦（小成卦）とし、八卦を重ねた六十四卦（大成卦）で占断。

各卦・各爻に経文があり、その経文に10の解説、伝がついていて十翼とよぶ。「易」「易経」は奇数を陽、偶数を陰としたものであるが、64卦、384爻、陰陽各192の組み合わせは11,520本。この相違は目でみて判断できない。

(3) 五感（視・聴・臭・味・触）中最も微細な相違を識別・弁別できるのは聴覚である。そこで無限の音をデジタル化することが必要となる。デジタル化したものを楽音という。カルル・シュトゥンプは、音楽のはじまりはオクターブの発見であるという。中国では、河南省舞陽県賈湖出土の新石器時代の骨笛がシドレミファとなっている。エジプトではレリーフの壁画の楽器が1オクターブに調律されていた。ピタゴラスはその楽器から調和数列を発見、二分の三の比を用いたピタゴラス音階を作った。ピタゴラスといえば、直角三角形の定理。これはエジプトでのナイル川氾濫後の土地再配分の仕方から考えついたものである。生活と生産の場での発見である。そして二分の三の比をなす音階の発見により「万物は数である」と信じるにいたった。中国では、周は1尺が22.50cm、6尺で1歩、300歩で1里。井田法は河川ないし湧水で灌漑したオアシス農法で、1里四方の耕地を9分割し、中央を公田とし、あとを私田としたものである。三分の一分法である。黄土地帯での生活と生産から生まれた考え方である。中国には、過半数という考え方がなく、三分の一を小半、三分の二を大半、大半を超したものを全体の意見とみなす。音律は三分損益法。ピタゴラスの音律よりはるかに早い。

(4) 後天八卦は春分にはじまる至分四立。しかし、これを積み重ねても意味をなさない。それで八卦を楽音にすると、三分損益法による楽音は、中央の宮（九）から西して兌が商、東して震が角、右廻りして巽が変徴、離が徴、北して坎が羽、左して艮が変宮、それから中央の宮にもどるが、はじめの宮を坤に、最後の宮（1オクターブ上の宮）を乾に移す。そうした後天八卦の8音の重卦による64音をもって占った。

(5) 音楽は人の心を動かすものである。為政者は「治民を上とするに礼より善きはなく」「風俗を易えるに楽より善きはなし」という考えから楽を重んじ、規制した。五声・六律・八音の声は形がなく、律は調律のための規定、音は8種の楽器。礼のための楽であるから面白くない。礼にはずれた楽は民心を淫らにするというので、古楽に対し流行する新楽を淫楽と非難した。8

種の楽器は、笙・柷・鼓・簫・琴・塤・鐘・磬であるが、これらがそろったのは当然後代である。古いタイプの中国人は、楽器に関しては1オクターブを越えると拒絶反応を示すそうである。それなのに、1オクターブの音域で微細な相違を聴き分けられるのか。音色（音質）によってである。音高や音量は音色を構成する重要な要素であるが、倍音（オクターブ上ないし下の音）によってできる複合音が大きな働きをしている。橋本尚氏によれば、「音色を聞くことによって合奏中の楽器の種類はわかるし、一つの楽器でも、倍音の種類の見当がつく」そうである。

（7）音占は、明堂で行われた。

補注1　「法象は天地より大なるはなし」について
　繋辞上伝は「天は尊く地は卑しく、乾坤定まる」と書き出しており、乾は天、坤は地としている。『三国志』魏書方技伝第29管輅伝輅別伝に、つぎのような話が載っている。易を研究していた故郡将の劉邠が、管輅に会い甚だ喜び、易の注釈をしているといった。管輅が、それは大変結構なことだが、古の聖人はなんで乾を西北に坤を西南に位地したのか、乾坤は天地の象であり、天地は至大、神明君父であるのに何で二卦の位地を他の六卦と同列にしたのか、と問うたところ、劉邠は答えられなかった。そこで管輅は、八卦の道と爻象の精について大論した。劉邠は、解るところは皆妙と思い、解らぬところは皆神と思った、と。管輅は、自らの問いについて何も語っていないから、ごまかしてしまったのであろう。乾を西北に坤を西南に置いているのは、いわゆる後天八卦であり、乾坤を天地に置いているのは、いわゆる先天八卦である。占いに使っていたのは、後天八卦である。
　先天八卦図が世に現れたのは、宋代になってからである。朱熹は『周易本義』に八つの図を載せ、河図・洛書は天地自然の易であり、伏羲が先天八卦を作り、文王以降初めて文字が作られ、文字で書き記されたものが今の『周易』であり、孔子がそれを解説した十翼を作ったとし、そして、伏羲の4図は、宋の陳摶から穆修、穆修から李之才、李之才から邵雍に伝えられ、邵雍が唱えたものであり、これが先天八卦であり、文王が、乾父・坤母から生ま

前編　音占い

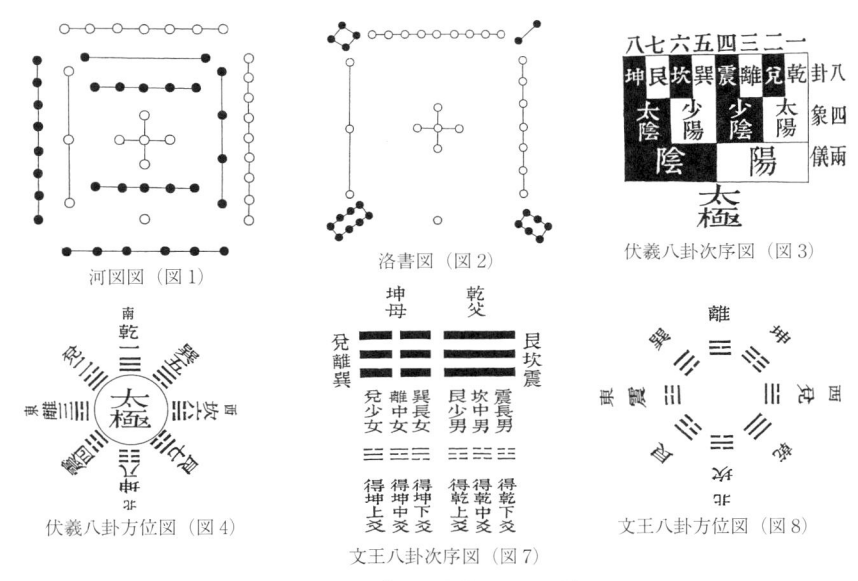

河図図（図1）　　　洛書図（図2）　　　伏羲八卦次序図（図3）

伏羲八卦方位図（図4）　　文王八卦次序図（図7）　　文王八卦方位図（図8）

第6図　『周易本義』掲載八卦図

れた震長男・巽長女・坎中男・離中女・艮少男・兌少女の次序に従い八方に配当したのが後天八卦である、としている。第6図を見られたい（原図の図5・6は省略した）。

　河図・洛書について、朱熹は蔡元定との共著『易学啓蒙』で詳しく論じているが[21]、河図図は第7図のように『書経』巻6洪範に「一五行、一に曰く水、二に曰く火、三に曰く木、四の曰く金、五に曰く土」とあるように天地生成説によって作られた戦国末以降のものである。

　ただし、洛書は第7図のように3のマジック・スクエアの数字を、中央の5を中心に動かして作ったもので、本章3の「音占」で見てきたように、周の井田制から生まれたもの、周初まで遡りうる。

　マジック・スクエアは、中国の三次方陣・河図が世界で最も古く、紀元前1000年ころ。インドで物証が発見されているのは、チャンドラ王国の古都カジュラホのジャイナ教碑銘（12・3世紀のもの）の四次完全方陣。ヨーロッ

---

(21) 榊原篁洲講述『易学啓蒙諺解大成』（早稲田大学出版部、1926年）本図書第一。

48

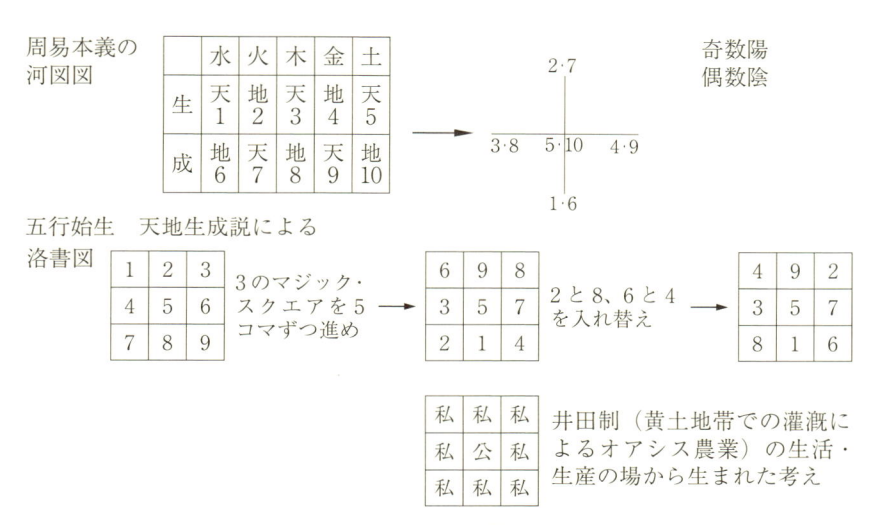

第一章　周易説卦伝の八卦方位と音占い

周易本義の
河図図

	水	火	木	金	土
生	天1	地2	天3	地4	天5
成	地6	天7	地8	天9	地10

奇数陽
偶数陰

```
       2・7
        |
3・8  5・10  4・9
        |
       1・6
```

五行始生　天地生成説による
洛書図

1	2	3
4	5	6
7	8	9

3のマジック・スクエアを5コマずつ進め →

6	9	8
3	5	7
2	1	4

2と8、6と4を入れ替え →

4	9	2
3	5	7
8	1	6

私	私	私
私	公	私
私	私	私

井田制（黄土地帯での灌漑によるオアシス農業）の生活・生産の場から生まれた考え

第 7 図　河図図・落書図の製作原理

パには、イスラミック・アラブを通じ、インドから流入したと考えられている[22]。

　朱熹は、伏羲八卦次序図で、太極から両儀が生じ、両儀から四象が生じ、四象から八卦が生じるとし、伏羲八卦次序図で八卦の各卦の頭に数字を付しており、その数を八卦方位図の各卦に付けている。これによってはじめて先天八卦がなぜ乾から左廻りし、震でななめ上巽に移り、巽から右廻りで坤に至るのかがわかる。このことは、八卦がその方位にある時の数は、その数であるとした重要な見解である。つまり、その数は位と一体であるということである。これは、先天八卦の背番号とも呼ぶべきものである。先天八卦は、円の中心を通る線で結ばれた2卦の背番号の数の和が総べて9となるようになっている。

　では、後天八卦はどうなのか。朱熹は、文王八卦次序を、説卦伝第十章に「乾は天なり、故に父と称す。坤は地なり。故に母と称す。震は一索して男を得、故にこれを長男と謂う。巽は一策して女を得、故にこれを長女と謂う。坎は再索して男を得、故にこれを中男と謂う。離は再索して女を得、故

---

(22) 大森清美『新編魔方陣』（冨山房、1992 年）11 ～ 12 頁、参照。

前編　音占い

にこれを中女と謂う。艮は三索して男を得、故にこれを少男と謂う。兌は三索して女を得、故にこれを少女と謂う」とあるのにより、図7を文王八卦次序とし、図8の文王八卦方位に数字を付けていない。位が変わったのであるから、当然その位に対する数も変わる。図7の父母六子の六子の次序は、震1・巽2・坎3・離4・艮5・兌6であるが、図8方位との関係は全く見られない。後天八卦の方位は、「変通は四時より大なるはなし」とある四季の変化によったものである。

補注2　南宋秦九韶の大衍求一術について

「大衍の数五十」については、さまざまな解釈があるが[23]、南宋の秦九韶（1202～61年ころ）に、一次合同式を解く算法を応用した大衍求一術がある。以下、武田時昌氏の解説によって紹介する[24]。

① いま仮に筮竹50本から1本を除いたあと、49本を二分して左手に35本の筮竹を得たとする。②③ 35を1・2・3・4で割ると、それぞれ余りは1・1・2・3となる。④ 定数を余りのそれぞれにかけると、12・24・8・27になり、加え合わせて71を得る。⑤ これから12を引けるだけ引けば11本が残る。⑥ それを3で割ると、商が3、余りが2、切り上げて4になり、老陰（陰の爻として出たが、陽に変わる場合をいう）の爻と決定される。

この操作のうち②〜⑤の算出過程は、
　　1・2・3・4（除数）で割ると、余りがそれぞれ1・1・2・3（剰余）となるような最小の正整数を求めよ。
という算術問題を解いたことになる。この解法が大衍求一術である。その数学的説明は、同氏が補記した「大衍求一術の解法の数学的説明」を読まれたい。

合同式については、永田久氏が『暦と占いの科学』（新潮社、1982年）47・48頁で以下のようにわかりやすく解説している。

---

(23) 高田真治・後藤基巳訳『易経（上）』（岩波書店、1969年）62頁以下参照。
(24) 武田時昌「易と数学」（加地伸行編『易の世界』中央公論社、1994年所収、出典は『数書九章』巻1、蓍卦発微）。

$y \equiv x \ (mod\ k)$ というのは《合同式》といって、$y = kt + x$（t は整数）ということをあらわす。「y は x と法 k に関して合同である」と読むが、要するに"y を k で割って余りが x になる"ということだと考えればよい。例をあげよう。

$$25 \equiv 4 \ (mod\ 7) \rightarrow 25 = 7t + 4 \ (t = 3),$$
$$47 \equiv 2 \ (mod\ 3) \rightarrow 47 = 3t + 2 \ (t = 15)$$

ただし、ある数 y をかりに 7 で割ると、余りは 0 から 6 までの数のいずれかになるが、ここでは余りが 0 となったら 7 と考えることにする。

つぎに $[x]$ という記号も出てくるが、これは《ガウスの記号》といい「x を超えない最大の整数」をあらわす。$[x]$ は「ガウスのエックス」と読み、例えば $[3.2]$（ガウスの三・二）は三・二を超えない最大の整数は三だから、$[3.2] = 3$ となる。同じように $[6] = 6$、$[-2.6] = -3$ となる。

第二章　盲目のかたりべ瞽師(こし)

はじめに
1　瞽師の役割
　　イ　瞽師はかたりべ
　　ロ　瞽師と候気
　　ハ　瞽宗にまつられた楽祖
2　六十四卦の卦名の由来
　　イ　序卦伝と雑卦伝の説
　　ロ　後天八卦を二重した和音の響き
　　ハ　殷の卜占との違い
結　び
補注　『淮南子』天文訓の十二律

はじめに

　周易は、占うべき問題に対して揲筮し、出た数の積み重ねで出来た三ないし六の数字によって占ったものであるが、周原出土の数占によってみると、その数は、音律であった。

　では、郭沫若氏が氏族の族徴とされた湖北省孝感県出土の周初の青銅器中方鼎銘文末尾の奇字はどう考えるべきか。張政烺氏は「試釈周初青銅器銘文中的易卦」の「七、氏与邑的関係」で、周初には盛んに作邑が行われたが、氏とは「別子孫的出自」であり、族とも称し、その氏族の邑は采邑であり、邑人は王と君臣関係にあり、問題の卦は采邑の名であり族徴である、と解釈されている。𧰼は六六六六八七＝偶数偶数偶数偶数偶数奇数、𧰼は六六六六七八＝偶数偶数偶数偶数奇数偶数である。坤下・艮上の剝卦と艮下・坎上の比卦である。どちらかが族名、もう一方が邑名であろう。、この奇字は、孝感県での作邑に際して行われた易占が剝音・比音であったことを記録したものである。

　このように見ると、易占は、別子の枝分かれを整理し制度化した宗法制、

宗法制を基とした封建制の形成に重要な役割をはたしていたといえる。先にみたように、作邑に先立ち行われた音占は、明堂においてであろう。

では、音占の担い手は誰か。

1 瞽師の役割

イ 瞽師はかたりべ

貝塚茂樹氏は、『周礼』巻22春官宗伯礼官之職の大司楽に、

　　大司楽、掌成均之法、以治建国之学政、而合国之子弟焉。凡有道有徳者、使教焉、死則以為楽祖、祭於瞽宗。以楽徳教国子中・和・祇・庸・孝・友。以楽語教国子興・道・諷・誦・言・語。云々

とあるのを、

　　「大司楽（おんがくきょくちょう ハーモニー）は成均の法（りろん）を管理して、これにもとづいて国立大学の設備を整理して、貴族と官吏の子弟を就学させなければならない。そのために次の事務を行なうものとする。

　　（一）優秀な芸術技能の保持者と高潔な人格者とを選んで教授に任命すること。もし教授が死亡したときは、楽祖の尊号をおくり、瞽宗内にこれを祭らねばならない。

　　（二）音楽を通じて中・和・敬・常・孝・友の徳目について国子の情操教育を行なう。

　　（三）興（きょう）（たとえばなし）・道（むかしばなし）・諷（ふう）（朗誦）・誦（しょう）（歌謡）・言（問）・語（答）によって国子の道徳教育を行なう。……」とある。

と解釈し、

　　はじめの興・道について、注釈は、「興とは善物をもって善事を喩（さと）すこと。道は導と読みかえるとわかりやすい。つまり過去のことを述べて現在をあてこすること」といっている。それによると興とは勧善懲悪の喩（たと）え話であり、道とは古（いにしえ）の聖（ひじり）の君の故事によって、現代の政治をそれとなしに批判した昔話のことをさしている。この楽語なるものは、その内容からみると道徳を平易に説き明かす訓戒譚なのである。

　　諷・誦についての注釈は、「倍文（あんしょう）が諷であり、声をもって節するのを誦という」とある。この楽語は一般に書物によらず、暗記で語るのであ

るが、そのなかで単に棒読みで暗誦するのが諷、節をつけて歌うのが誦であるという。これは楽語をその語り口によって分類したのであるが、最後の言・語について、後漢の大注釈学者である鄭玄は、「端を発することを言といい、答を述べることを語という」と注している。語の原義は大司楽という音楽の大先生が若い学生である国子の問いに応じて、口頭で教訓した言葉だというのが、彼の解釈であった。

と解説されている。

そして、第17巻春官宗伯第3の礼官之属の大司楽の項を、

「（一）楽師（略）

（二）大胥（略）小胥（略）

（三）大師、下大夫つまり高等官三等待遇二人。小師、上士つまり高等官四等待遇四人。瞽矇つまり盲法師、うち上瞽四十人、中瞽百人、下瞽百六十人。眡瞭つまり明き盲というか、瞳があるのに視力を欠くもの三百人。府つまり属官四人。史つまり書記八人。胥つまり雇員十二人。徒つまり給仕百二十人。……」

と解釈し、「この春官に属する員数は、官吏から一般の庶民で役所に奉仕するものまでを合算してみると、総計二千七百九十七人に達する」。これを、魏国の王墓から発掘されたという『竹書紀年』の四百三十五人に比較すると、「『周礼』がいつの時代に最後的に編纂されたとしても、材料としては、周代からの遺制がかなり利用されたことは否定することができない」とのべている[1]。

撰筮の結果出た数記号が発するサインを受信し、それに意味を付与したのは、瞽師以外にはない、と私は考える。同じ音を聴いても、高田氏のいう「学識・経験・修養」の深い瞽師はより真相に迫った画像をとらえ得たであろう。

ロ　瞽師と候気

瞽師がかたりべであり、史官であったとすると、瞽師のいま一つ重要な役

---

(1) 『貝塚茂樹著作集』第5巻（中央公論社、1976年）「神々の誕生」第2章　瞽師の伝承—中国の語部（初出、1963年）。

前編　音占い

第2表　十二季における大史の役割

十二季	数	音	律	大史の役割
孟春	八	角	太蔟	立春に先立つ3日、天子に謁して「某日は立春、盛徳は木に在り」という。
仲春	八	角	夾鍾	
季春	八	角	姑洗	
孟夏	七	徴	中呂	立夏に先立つ3日、天子に謁して「某日は立夏、盛徳は火に在り」という。
仲夏	七	徴	蕤賓	
季夏	七	徴	林鍾	
孟秋	九	商	夷則	立秋に先立つ3日、天子に謁して「某日は立秋、盛徳は金に在り」という。
仲秋	九	商	南呂	
季秋	九	商	無射	
孟冬	六	羽	応鍾	立冬に先立つ3日、天子に謁して「某日は立冬、盛徳は水に在り」という。
仲冬	六	羽	黄鍾	
季冬	六	羽	大呂	

(注)　季夏　戊巳の日は中央が土、その帝黄帝、その神后土
　　　孟秋　穀みのり、天子新嘗す（大嘗祭）

割に、候気がある。候気とは、節気をうかがうことである。『礼記』巻3月令第6に、

　　孟春の月……立春に先立つ三日、大史は天子に謁し、某日は立春、盛徳は木に在りという。天子はそこで斉（なすべきことを行う）す。云々

とあり、なすべきことを具体的に列記している。十二季における大史の役割は第2表の如くである。

　大史は史官。史官は天文暦法に明るくなければならない。落下閎等と「太初暦」を共訂した司馬遷をみられたい。大史は、もとは瞽師であったであろう。

　また、盲人は季節の変化に敏感である。

　『隋書』巻16志第11律暦上候気の項に、

　　後斉（北斉）神武（高歓）の覇府田曹参軍信都芳、深く巧思あり。能く管を以て候気し、雲色を仰観す。嘗て人と対語し、即ち天を指して曰く、孟春の気至る、と。人往きて管を験するに、飛灰已に応ず。毎月候する所、言皆爽（たがう）なし。また輪扇二十四をつくり、地中に埋め、以て二十四気を測る。毎一気感ずれば即ち一扇自ら動き、他扇は並びに住（とど）まり、管と灰と相応じ、符契（わりふ）の如し。

　　開皇九年陳を平げて後、高祖毛爽及び蔡子元・于普明等を遣わし、以て節気を候（うかが）わしむ。古に依り、三重の密屋の内に、木を以て案を為（つく）り、十

有二具。律呂の管を取る毎に、十二辰位に随い、枝上に置き、而して土を以て之(これ)を埋め、上は地と平にす。中に葭莩(かふ)の灰を実たし、軽き緹（赤絹）・素（白絹）を以て律口を覆う。其の月気至る毎に、律と冥符すれば、則ち灰は素を飛び衝き、外に散出す。而して気応に早晩あり、灰飛に多少あり。或いは初め入月に其の気即ち応じ、或いは中下旬の間に至り気始めて応ずる者、或いは灰飛出し三五夜にして尽(つ)くる、或いは一月を終え纔(わずか)少し許り飛ぶ者［あり］。云々

とある。葭莩は、あしの茎の中にある薄い膜。きわめて軽い。管にこれをつめる。

真偽のほどはわからないが、原理的には考えられる。管の中の空気の部分を気柱という。気柱には長さで決まる固有振動数があり、吹くとその振動数の音がでる。気柱の長さを変えると振動数も変わる。12個の気柱の長さの異なる管を水平に並べて置けば、外気の波の振動数と一致した管から灰が飛び出す。当然その他の管の灰は飛ばない。それによって節気の到来を察知することがありうる。

候気は、外気の波の振動数を計る方法である。外気の波の震動数は、鋭敏な者なら耳であるいは肌で感知できる。盲人は、季節の変化に敏感である。私は、瞽師の重要な役割に候気があったと考えている。

ハ　瞽宗にまつられた楽祖

前記の『隋書』の候気のつぎに、

[高祖、毛] 爽らをして其の法を草定せしむ。[毛] 爽因りて諸故実を稽(かんが)え、以て篇を著し、名づけて律譜と曰う。其の略に曰う、臣爽按ずるに、黄帝伶倫氏を遣わし竹を嶰谷に取り、鳳［の鳴き声］を阿閣（四方にひさしのある立派な建物）の下に聴き、始めて十二律を造り、乃ち天地の気応を致す。是則ち数の始めなり。陽管は律となし、陰管は呂となし、其の気以て四時を候(うかが)い、其の数以て万物に紀(のり)す。云う、隷首（黄帝の時算術を善くした、『後漢書』巻604 上馬融傳章懐太子賢注）数を作るは、蓋し律の本なり。夫一、十、百、千、万、億、兆は、引きて申(のば)し、暦度量衡は、其の中より出づ。故に有虞氏は律を用い声を和し、鄒衍(すうえん)これを改め、以て五始を定む。正朔服色は亦斯れに因りて別つなり。夏正なれば則ち

57

人、殷正なれば則ち地、周正なれば則ち天。孔子曰く、吾夏時を得たり、と。気数の要を得るを謂う。

とある。

　略文なので意味がとりにくいが、この記事のなかで注目すべきことは、伶倫が鳳凰の鳴き声を聞いて、天地の気に応じるものだと感動し、嶰谷の竹のよくそろったもの12本を選び、気柱の長さをその振動数にあわせて調整し、十二律管を作ったという指摘である。十二律は、宮の長さを九とし、それからその三分の一を引いたり足したりして音高を決め、音程順に宮・商・角・徴・羽と並べ替えたのが五声であり、宮の振動数に半分の宮を羽のあとにつけたのが六律である。十二律は、六律の三分損益法をつづけていくと、1オクターブを超えてしまうので、七回目に引くべきところを足して、その数をスタートに三分損益法をくりかえして六呂をつくり、十二律呂を音程順に並び替え、黄鐘・大呂・太簇・夾鐘・姑洗・中呂・蕤賓・林鐘・夷則・南呂・無射・応鐘と名付けた（第1表参照）。十二節気のときに大気が発する波の振動数をとらえ、それに共振共鳴するよう12本の竹管の固有振動数を調整したことを、伶倫が「始めて十二律を造り、乃ち天地の気応を致す。是則ち数の始めなり。陽管は律となし、陰管は呂となし、其の気以て四時を候い、其の数以て万物に紀」した、と言っている。この十二律が紀した「万物」は繋辞上第九章にある「二篇の策は万有一千五百二十、万物の数に当たる」と同じである。つまり、世の中の森羅万象がことごとくこの中に統合整理されているということである。ただし、易は六十四卦、十二律・十二節気は60、さきに見たように、六十四卦の音律は、節気と照らし合わせると至分は数が一致するが、四立はズレが生じる。漢代、京房らが苦心して易を暦にあわせようとしてつくった納音（ナッチン）は易とはあわない[2]。

　しかしながら、たとえば小畜の卦辞に、

　　小畜は、亨る。密雲あれど雨ふらず。わが西郊よりす。

とあるのが、占者の心に浮かんだ、周の文王が羑里に囚えられていた時に嘆息した象であるというが如き、また、たとえば帰妹の爻辞に、

（2）鈴木由次郎『漢易研究』（明徳出版社、1963年）160〜163頁。

六五。帝乙妹を帰がしむ。その君の袂は、その娣（女弟・副妻＝介添役の夫人）の袂の良きにしかず。月望に幾し。吉なり。

とあるのが、占者の心に浮かんだ、殷の帝乙が妹を嫁がせた時に妹の着物の袂が副妻の袂の美しさに及ばなかった象であるというが如きは、歴史に明るいかたりべでなければいえないことである。また、たとえば大壮の爻辞に、

　九三。小人は壮を用い、君子は罔を用う。貞なれども厲し。羝羊藩に触れてその角を羸ましむ。

　上六。羝羊藩に触れ、退くこと能わず。遂むこと能わず。利ろしきところなし。難しめば則ち吉なり。

とあるが如きは、想像力がゆたかで、比喩の巧な賢人でなければいえないことである。

　王室・国家の大事を占う筮占の責任者は瞽師であり、瞽師の言葉によって、王が占断した、と私は考えている。

　瞽師が、楽士であり、かたりべ、大史であり、国子の教官であり、王室・国家の命運を左右する筮占の責任者であったとすれば、死ねば楽祖の尊号をうけ、瞽宗内に祭られたのは、当然であろう(3)。

　高木智見氏は『論語』衛霊王篇・子罕篇・郷党篇にみえる瞽矇について、春秋時代までは、諸侯の周辺に必ず盲人楽師がひかえており、祖先祭祀に際し、神人交流のため重要な役割をはたしており、また郷党における郷飲酒礼に派遣され作楽していたことを論じている(4)。

　ちなみに、春秋時代を過ぎ、瞽矇による音占いが行われなくなると、盲人

---

(3) 瞽師は世襲。張正明・劉玉堂「従楚人尚鍾看鐘氏的由来」（『江漢論壇』1985年第6期）参照。

(4) 高木智見「瞽矇の力―春秋時代の盲人楽師について―」（『山口大学文学会誌』41巻、1990年）。具体的事例として斉藤道子「郳公鍾儀考―古代中国における政治権力と音楽をめぐる一風景―」（『史学』第64巻第3・4合併号、1995年）参照。

(5) 玉木尚之「賢者としての楽人の終焉」（『日本中国学会報』39号、1987年）、好並隆司「中国古代「障害者」の変貌」（西順蔵・小島晋治編『アジアの差別問題』明石書店、1986年所収）。

前編　音占い

の社会的地位は、急速に低下する⁽⁵⁾。

2　六十四卦の卦名の由来

イ　序卦伝と雑卦伝の説

　現周易六十四卦は、なぜ乾坤屯蒙……の配列になっているのか。序卦伝は、その理由を、

　　天地ありて然る後に万物生ず。天地の間に盈つる者はただ万物なり。故にこれを受くるに屯をもってす。屯とは盈つるなり。屯とは物の始めて生ずるなり。物生ずれば必ず蒙なり。故にこれを受くるに蒙をもってす。蒙とは蒙かなり。物の穉きなり。物穉ければ養わざるべからず。故にこれを受くるに需をもってす。需とは飲食の道なり。飲食すれば必ず訟えあり。故にこれを受くるに訟をもってす。訟えには必ず衆の起るあり。故にこれを受くるに師をもってす。師とは衆なり。衆あれば必ず比しむところあり。故にこれを受くるに比をもったてす。比とは比しむなり。比しめば必ず畜うところあり。故にこれを受くるに小畜をもってす。物畜えられて然る後に礼あり。故にこれを受くるに履をもってす。履みて泰、然る後に安し。故にこれを受くるに泰をもってす。泰とは通ずるなり。物はもって通ずるに終るべからず。故にこれを受くるに否をもってす。物はもって否に終るべからず。故にこれを受くるに同人をもってす。人と同じくする者は物必ずこれに帰す。故にこれを受くるに大有をもってす。大を有する者はもって盈つるべからず。ゆえにこれを受くるに謙をもってす。大を有して能く謙なれば必ず豫ぶ。故にこれを受くるに豫をもってす。豫べば必ず随うことあり。故にこれを受くるに随をもってす。喜びをもって人に随う者は必ず事あり。故にこれを受くるに蠱をもってす。蠱とは事なり。事ありて後に大なるべし。故にこれを受くるに臨をもってす。臨とは大なり。物大にして然る後に観るべし。故にこれを受くるに観をもってす。観るべくして後に合うところあり。故にこれを受くるに噬嗑をもってす。嗑とは合なり。物もって苟しくも合うのみなるべからず。故にこれを受くるに賁をもってす。賁とは飾るなり。飾りを致して然る後に亨れば尽く。故にこれを受くるに剝をもっ

第二章　盲目のかたりべ瞽師

てす。剝とは剝ぐなり。物もって尽くるに終るべからず。剝ぐること上に窮まれば下に反る。故にこれを受くるに復をもってす。復れば妄りならず。故にこれを受くるに无妄をもってす。无妄ありて然る後畜うべし。故にこれを受くるに大畜をもってす。物畜えられて然る後に養うべし。故にこれを受くるに頤をもってす。頤とは養うなり。養わざれば動くべからず。故にこれを受くるに大過をもってす。物もって過ぐるに終るべからず。故にこれを受くるに坎をもってす。坎とは陥るなり。陥れば必ず麗くところあり。故にこれを受くるに離をもってす。離とは麗くなり。

　天地ありて然る後に万物あり。万物ありて然る後に男女あり。男女ありて然る後に夫婦あり。夫婦ありて然る後に父子あり。父子ありて然る後に君臣あり。君臣ありて然る後に上下あり。上下ありて然る後に礼儀錯くところあり。夫婦の道はもって久しからざるべからざるなり。故にこれを受くるに恒をもってす。恒とは久なり。物もって久しくその所に居るべからず。故にこれを受くるに遯をもってす。遯とは退くなり。物もって遯に終るべからず。故にこれを受くるに大壮をもってす。物もって壮なるに終るべからず。故にこれを受くるに晋をもってす。晋とは進なり。進めば必ず傷るところあり。故にこれを受くるに明夷をもってす。夷とは傷るるなり。外に傷るる者は必ず家に反る。故にこれを受くるに家人をもってす。家道窮まれば必ず乖く。故にこれを受くるに睽をもってす。睽とは乖くなり。乖けば必ず難あり。故にこれを受くるに蹇をもってす。蹇とは難なり。物もって難に終るべからず。故にこれを受くるに解をもってす。解とは緩なり。緩くすれば必ず失うところあり。故にこれを受くるに損をもってす。損して已まざれば必ず益す。故にこれを受くるに益をもってす。益して已まざれば必ず決す。故にこれを受くるに夬をもってす。夬とは決なり。決すれば必ず遇うあり。故にこれを受くるに姤をもってす。姤とは遇なり。物相い遇いて後に聚る。故にこれを受くるに萃をもってす。萃とは聚なり。聚りて上るものはこれを升ると謂う。故にこれを受くるに升をもってす。升りて已まざれば必ず困しむ。故にこれを受くるに困をもってす。上に困しむ者は必ず下に反

る。故にこれを受くるに井をもってす。井道は革めざるべからず。故にこれを受くるに革をもってす。物を革むるものは鼎にしくはなし。故にこれを受くるに鼎をもってす。器を主どる者は長子にしくはなし。故にこれを受くるに震をもってす。震とは動くなり。物もって動くに終るべからず、これを止む。故にこれを受くるに艮をもってす。艮とは止むるなり。物もって止まるに終るべからず。故にこれを受くるに漸をもってす。漸とは進むなり。進めば必ず帰する所あり。故にこれを受くるに帰妹をもってす。その帰する所を得る者は必ず大なり。故にこれを受くるに豊をもってす。豊とは大なり。大を窮むる者は必ずその居を失う。故にこれを受くるに旅をもってす。旅して容るる所なし。故にこれを受くるに巽をもってす。巽とは入るなり。入りて後にこれを説ぶ。故にこれを受くるに兌をもってす。兌とは説ぶなり。説びて後にこれを散らす。故にこれを受くるに渙をもってす。渙とは離るるなり。物もって離るるに終るべからず。故にこれを受くるに節をもってす。節してこれを信ず。故にこれを受くるに中孚をもってす。その信ある者は必ずこれを行なう。故にこれを受くうに小過をもってす。物に過ぐることある者は必ず済す。故にこれを受くるに既済をもってす。物は窮むべからざるなり。故にこれを受くるに未済を以てして終るなり。

と説明している。ところが、つぎの雑卦伝には、

 乾は剛にして坤は柔なり。比は楽しみて師は憂う。臨・観の義は、あるいは与えあるいは求む。屯は見われてその居を失わず。蒙は雑りて著る。震は起るなり。艮は止まるなり。損・益は盛衰の始めなり。大畜は時なり。无妄は災いなり。萃は聚まり、升は来らざるなり。謙は軽くして豫は怠るなり。噬嗑は食うなり、賁は色なきなり。兌は見われて巽は伏すなり。随は故なきなり。蠱は則ち飭うなり。剥は爛るるなり。復は反るなり。晋は昼なり。明夷は誅するなり。井は通じて困は相い遇うなり。咸は速かなり。恒は久しきなり。渙は離るるなり。節は止まるなり。解は緩くするなり、蹇は難むなり。睽は外なり、家人は内なり。否・泰はその類に反するなり。大壮は則ち止まり、遯は則ち退くなり。大有は衆なり、同人は親しむなり。革は故きを去るなり。鼎は新しき

を取るなり。小過は過ぐるなり、中孚は信なるなり。豊は故多きなり。親寡きは旅なり。離は上りて坎は下るなり。小畜は寡なり。履は処らざるなり。需は進まざるなり。訟は親しまざるなり。大過は顛るなり。姤は遇うなり、柔剛に遇うなり。漸は女帰ぎ、男を待ちて行くなり。頤は正を養うなり。既済は定まるなり。帰妹は女の終りなり。未済は男の窮まるなり。夬は決なり、剛柔を決するなり。君子道長じて、小人道憂うるなり。

とあり、次序も違うし、卦の意味も異なる。先学の和訳をかりながら整理すると、第3表の如くである。

第3表　序卦伝と雑卦伝の異同

			[序卦伝]		[雑卦伝]	
次序	卦形	背番号	卦名	意味・内容	次序	意味・内容
1	☰	11	乾	天	1	剛
2	☷	88	坤	地	2	柔
3	䷂	64	屯	満ちる、物の始生	7	現れ出でて、而も居る所の位地を失わない
4	䷃	76	蒙	おろか	8	いろいろな物が混じっているが、明らかに現れ出る
5	䷄	61	需	飲食	55	時を待って進まぬこと
6	䷅	16	訟	争い	56	争って親しまないこと
7	䷆	86	師	衆人	4	憂う
8	䷇	68	比	親しむ	3	親しむ
9	䷈	51	小畜	蓄え	53	力が弱く、追随する者がすくない
10	䷉	12	履	礼をふみ行う	54	一陰が衆陽の中にあって落ちつかない
11	䷊	81	泰	物事がすらすら通じる	38	君子が集まって進み天下泰平
12	䷋	18	否	塞がって通じない	37	小人が集まって進み天下大乱
13	䷌	13	同人	人と道を同じくする	44	天下の人々が親しむ
14	䷍	31	大有	大きな成果を保有する	43	大衆の心を保有する
15	䷎	87	謙	謙虚	17	へりくだって己の身を軽しとする
16	䷏	47	豫	よろこび	18	悦びのあまり、驕って怠りがち

前編　音占い

次序	卦形	背番号	卦名	[序卦伝] 意味・内容	次序	[雑卦伝] 意味・内容
17		24	随	つき従う	23	人につき従って自分でとりしきらない
18		75	蠱	悪い事	24	物事をととのえ治める
19		82	臨	大きい、君臨する	5	君臨する、与える
20		58	観	観るに値する	6	仰ぎ観る、求める
21		34	噬嗑	噛んで合う、堅いものをかみくだく	19	堅いものでも噛み砕いて食べる
22		73	賁	飾る	20	身を飾るに無色、白がいい
23		78	剥	剥ぎ取る	25	剥落する
24		87	復	返る	26	復活する
25		14	无妄	妄りに道を踏み外さない	14	思いもよらぬ災難をうける
26		71	大畜	大いに蓄う	13	大きなことをなすには時が大切である
27		74	頤	養う	60	養う
28		25	大過	大いに人に過ぎる	25	棟が弱いから家がくつがえる
29		66	習坎	陥る	52	水が下へ下へと流れくだる
30		33	離	付着する	51	火が上へ上へとのぼる
31		27	咸	夫婦の道	31	感応し、物事が速やかに行われる
32		45	恒	恒久	32	恒久
33		17	遯	退く	42	陰（小人）が盛んなときは隠遁すること
34		41	大壮	大いに壮ん	41	陽が盛んなときは自重して止まること
35		38	晋	進む	27	日が地上に進むことから昼
36		83	明夷	明るいものが傷れる	28	日が地下に入って明るさが滅びる
37		53	家人	家に帰る	38	家族が内にあって親しむ
38		32	睽	反目する、そむく	37	家族がそむきあって外を向く
39		67	蹇	災難	36	困難に遭って悩む
40		46	解	緩める	35	解けて緩む

64

第二章　盲目のかたりべ瞽師

次序	卦形	背番号	卦名	［序卦伝］意味・内容	次序	［雑卦伝］意味・内容
41	䷨	72	損	損じる	12	衰える
42	䷩	54	益	益す	11	盛んになる
43	䷪	21	夬	決潰する	64	五剛が一柔を決去するから君子の道盛ん
44	䷫	15	姤	遇う	58	一柔が五剛に偏ってこれを追うは不正
45	䷬	28	萃	聚まる	15	下により集まる
46	䷭	85	升	升る	16	上に升って帰って来ない
47	䷮	26	困	困しむ	30	苦しんで通じない
48	䷯	65	井	井戸	29	井戸水がこんこんと湧いて広く通じる
49	䷰	23	革	あらためる	45	古いものを改革する
50	䷱	35	鼎	宗廟の祭器、煮物をする器	46	物を新しくする
51	䷲	44	震	家族に配当すると長男、動く	9	陽が下に起こる
52	䷳	77	艮	止める	10	陽が上に止まる
53	䷴	57	漸	進む	59	女が嫁に行くのに男の迎えを待って行く
54	䷵	42	帰妹	女が男に嫁ぐ	62	女の道の終り
55	䷶	43	豊	大	49	親戚故旧が多く集まる
56	䷷	37	旅	旅する	50	親しい人がいたって少ない
57	䷸	55	巽	入る	22	一陰が二陽の下に伏す
58	䷹	22	兌	よろこぶ	21	一陰が二陽の上に現る
59	䷺	56	渙	散って離れる	33	離れて散る
60	䷻	62	節	節度	34	節度を保って止まる
61	䷼	52	中孚	心中に誠がある	48	心の中が至誠真実である
62	䷽	47	小過	小さなものが過ぎる	47	少しく行き過ぎる
63	䷾	63	既済	既に済る	61	陰陽正位を得て安定している
64	䷿	36	未済	未だ済らず	63	陰陽正位を失い剛が柔の下にあり、男の行きづまり

〈 印は反転、表裏（陰陽の入れ替え）あるいは反転・表裏。反転関係にある卦を旁通の卦という。ただし、反転・表裏関係にあるペアとつぎのペアとの繋がりに法則を見いだせない。

雑卦伝は、二卦一組にしてその対照的意義を説いたもの。山下静雄氏によれば、雑卦伝の方が古い[6]。

ロ　後天八卦を二重した和音の響き

しかしながら、上来みてきたように筮占は後天八卦の六十四卦の音律によって占ったものである。音色を聞くことによって合奏中の楽器の種類がわかるし、一つの楽器でも倍音の種類の見当がつくそうであるから、オーケストラよりはるかにシンプルで規則にあわせた演奏の音色によって、微細な情報を得ることができる。ちなみに、高さの違う2個以上の音が同時に響く場合に合成された音を和音というが、筮占の場合は、重卦であるから、2個の音をずらせて鳴らす旋律和音である。音占いは、後天八卦の音階を二重にした旋律和音の倍音の響きによって行われた。

後天八卦を組み合わせた六十四卦と音律は第4表の如くである。

表を見て明らかなように、純卦をはさんで点線の方向にある卦が下卦と上卦が差しかえになっている。

そこで、卦名の意味を通説によって対比してみると、

恒＝常のごとし　　益＝益す　　豊＝豊大・盛大　　噬嗑＝かみあわせ　　豫＝よろこび楽しむ　　復＝復る　　家人＝一家の人　　鼎＝かなえ、家の宝　　帰妹＝妹を帰がせる　　随＝人に随って行く　　観＝みあげる　　升＝進み升る　　大壮＝大なる者が壮ん　　无妄＝妄らでない　　中孚＝心中にまことあり　　大過＝過ぎる　　晋＝進む、日が地上にでる　　明夷＝明るいものが夷れ傷つく　　解＝解散・解消　　屯＝盈つる、物の始めて生ず　　小蓄（畜）＝蓄え　　姤＝遇う　　睽＝そむき違う　　革＝改革　　小過＝小なる者が過ぎる

---

(6) 山下静雄『周易十翼の成立の展開』（風間書房、1974年）附録四　十翼の成立年代図　参照。

第二章　盲目のかたりべ瞽師

第4表　後天八卦を組み合わせた六十四卦と音律

下＼上	1 震 角	③ 巽 徴	2	④ 離 徴	3	⑤ 坤 宮	4	① 兌 商	5	② 乾 宮	6	⑧ 坎 羽	7	⑥ 艮	8	⑦ 変 宮
③ 1 震 角		51 1 震	2	42 1 益	3	21 1 噬 嗑	4	24 1 復	5	17 1 随	6	25 1 无 妄	7	3 1 屯	8	27 1 頤
④ 2 巽 徴	32 1 恒		57 2 巽	2	50 3 鼎	3	46 4 升	4	28 5 大 過	5	44 6 姤	6	48 7 井	8	18 2 蠱
⑤ 3 離 徴	55 3 豊	37 2 家 人		30 3 離	3	36 4 明 夷	4	49 5 革	5	13 6 同 人	6	63 7 既 済	8	22 3 賁
① 4 坤 宮	16 4 豫	20 4 観	35 4 晋		2 4 坤	4	45 5 萃	5	12 6 否	6	8 7 比	8	23 4 剝
② 5 兌 商	54 5 帰 妹	61 5 中 孚	38 5 睽	19 5 臨		58 5 兌	6	10 6 履	60 7 節	8	41 5 損
⑧ 6 乾 宮	34 6 大 壮	9 6 小 畜	14 6 大 有	11 6 泰	43 6 夬		1 6 乾	5 7 需	8	26 6 大 畜
⑥ 7 坎 羽	40 7 解	59 7 渙	64 7 未 済	7 7 師	47 7 困	6 7 訟		29 7 習 坎	4 7 蒙
⑦ 8 艮 宮	62 8 小 過	53 8 漸	56 8 旅	15 8 謙	31 8 咸	33 8 遯	39 8 蹇		52 8 艮

※下上卦の八卦の1、2、3……8は、後天八卦の背番号
※①、②、③……⑧は、1オクターブをデジタル化した八音の音名
※六十四卦の上の数字1、2、3……64は、和音名

頤＝養う　渙＝散らす　井＝井戸　大有＝大いに有る　同人＝人と同じ　臨＝民に君臨する　萃＝聚まる　漸＝漸進　蠱＝壊乱腐敗　未済＝未だならず　既済＝既になる　泰＝小往き大来る　否＝大往き小来る　旅＝旅　賁＝かざる　師＝兵衆・軍隊　比＝比しむ　夬＝決　履＝履行する　謙＝謙譲　剝＝剝奪　困＝困しむ　節＝節度　咸＝感　損＝へらす　訟＝訴え　需＝飲食の道　遯＝のがれ退く　大蓄（畜）＝大いに蓄う　蹇＝行き悩んで進まぬ　蒙＝蒙か、物の𡵉い

の如く、おおむね反対ないし関係深い意味のペアになっている。これらは、それぞれ異なるさまざまな問いに対して筮占した結果の音律を、盲目のかた

りべ（瞽師）が聴いて感じた印象で、それが整理されて六十四卦の卦名となったのである。そのことは、卦辞・爻辞のなかに、歴史上のできごと、あるいは甲骨文が引かれていることによって明らかである。しかし、一見バラバラのような卦名もこうして並び替えてみると、関係深い意味の卦名がペアになっていることがわかる。

つぎに、前掲『白虎通』礼楽所載の八音についての「一説に云う」を見てみよう、一説が「笙は北方、柷は東北方、鼓は東方、簫は東南方、琴は南方、塤は西南方、鐘は西方、磬は西北方」と示している方位は、冬至を一年の境とした太陽暦の至分・四立、後天八卦の坎・艮・震・巽・離・坤・兌・乾である。これを表にすると、第5表の如くであり、当然のことながら、純卦を除く56卦は純卦をはさんで下卦と上卦を差しかえた卦がペアになっている。ただし、笙は13本の竹を束ねた笛、細い音。柷は音楽の始まりの合図の音。

第5表　八音を組み合わせた音律

下＼上	①1 坎笙	②2 艮柷	③3 震鼓	④4 巽簫	⑤5 離琴	⑥6 坤塤	⑦7 兌鐘	⑧8 乾磬
①1 坎笙	29 1習坎	4 2蒙	40 3解	59 4渙	64 5未済	7 6師	47 7困	6 8訟
②2 艮柷	39 1蹇	52 2艮	62 3小過	53 4漸	56 5旅	15 6謙	31 7咸	33 8遯
③3 震鼓	3 1屯	27 2頤	51 3震	42 4益	21 5噬嗑	24 6復	17 7随	25 8无妄
④4 巽簫	48 1井	18 2蠱	32 3恒	57 4巽	50 5鼎	46 6升	28 7大過	44 8姤
⑤5 離琴	63 1既済	22 2賁	55 3豊	37 4家人	30 5離	36 6明夷	49 7革	13 8同人
⑥6 坤塤	8 1比	23 2剝	16 3豫	20 4観	35 5晋	2 6坤	45 7萃	12 8否
⑦7 兌鐘	60 1節	41 2損	54 3帰妹	61 4中孚	38 5睽	19 6臨	58 7兌	10 8履
⑧8 乾磬	5 1需	26 2大畜	34 3大壮	9 4小畜	14 5大有	11 6泰	43 7夬	1 8乾

簫はしょうの笛。塤はつち笛。磬はうち石、かたくこまかい音。これらの楽器をもちいた音律は、瞽師が聴いた音律とはかなり違ったものであったであろう。

これによって見ると、後代でも、八種の楽器をそろえて後天八卦を二重した旋律和音を奏でていたことが解る。勿論、それは音占いのためではなく、祭祀などのときに行ったのであろう[補注]。

序卦伝より古いといわれる雑卦伝は、陰陽説を用い、儒家の治国・平天下説を取り入れている。しかし、音占いの結果の卦名に従っていることに変わりはない。従って、序卦伝の成立は戦国時代となる。現行周易の六十四卦がなぜ今のような排列なのか、序卦伝はそれを説明しているのであるが、そのことは、後編で考えてみる。

ちなみに、揲蓍によって出来た数が音律であることを察知できなかった戦国期以降の易家が、奇数を━偶数を--と表記した『周易』の経伝のいうことを、象形の変化によって説明しようとし、あるいは卦名をもって解釈しようとし、論争することによって、宇宙論から人生論におよぶ壮大な中国固有の哲学を構築した。詳しくは朱伯崑著・伊東倫厚監訳・近藤浩之編『易学哲学史』全4巻（朋友書店、2009年）を見られたい。

　ハ　殷の卜占との違い

中国ではじめて王朝を開いたのは、殷人である。紀元前2200年ころ、場所は河南あたりで、当時黄河は今よりずっと北を流れていた。卜占は、牛羊・亀の甲を用いた占い。特徴は、10日間の吉凶を占う。また、国家・王室の大事のみを占い、個人的なことは占っていない。やり方は、たとえば「今十一月、其れ雨ふるか。今十一月、其れ雨ふらざるか」のように左右に正反対の可能性を記し、裏から火箸で焼いて裂け目のでき方を王が判断した。これを「対貞」という[7]。落合淳思氏によれば、戦争の成果や数日後の天候など人為的に決定できない事柄の占いの判断が当たっているのは、王の権威を保つため内容を改竄したからであるという[8]。王は絶対者である。ゆえに壮

---

(7) 落合淳思『甲骨文字に歴史をよむ』（筑摩書房、2008年）69頁。

大な王墓が営まれた。

　彼らが居着いた河南は、今より温暖で、森林に覆われており、象が棲息していた。殷人の生業は、焼き畑と狩猟であった。焼き畑は、森林を焼き、黍・大麦[9]などをばら蒔きした。そのため、数年もすると雑草が生い茂って畑として使用できなくなり、森林が回復するまで他所に移った。

　『史記』殷本紀第3によれば、殷は、帝国の創始者湯王以前に8回、湯王が亳（河南省安陽市西北小屯を中心とした殷墟の地）に都してから紂王が国を滅ぼした紀元前1100年の殷周交替期まで5回遷都している。記事をそのまま信じることはできないし、理由は多々あったであろうが、殷人の生業が焼き畑・狩猟という不安定なものであったことが原因であろう。

　そのころ、殷人にとってもっとも危険な外敵は、太行山脈南麓にいた羌人であった。殷人はしばしば羌人を襲い、捕虜を殺害して、その血を祖霊に捧げた。一度に300人をも犠牲にした例がある。その羌族は、周族と姻戚関係にあった。『史記』周本紀第4によれば、周の始祖后稷は、母の姜原が巨人の足跡を踏んで生んだ子である。この話は、姫姓の周族と姜姓の羌族とが姻戚関係にあったという伝説である。稷は乾燥に強い粟。後代まで華北の主穀であった。

　周族は、汾水が黄河と合する中条山の南を通り、渭水流域を西進した。中条山の山麓には安邑・解県の塩池がある。当時は今よりも更に大きく、中国内陸部最大の塩の産地であった。周の文王が、岐山の麓の渭水で釣りをしていた太公望に会ったという話は、周族と羌族が同盟した伝説である。

　かくして周人は、華北の乾燥地帯にオアシスづくりをしながら拡大し、殷の紂王を牧野の戦いで破って周王朝を開いた。都は西安市の西南、鎬。先に見てきたように、周人は、オアシスでの生産と生活の秩序を維持するのは、礼であり、民を礼に導くのは楽であると考えていた。殷文化と周文化との違いは正しくそこにあった。繋辞下伝第7章に「易の興るや、其れ中古に於いてするか」とある。中古は殷末。易はそうした歴史の流れの中に生まれた。

---

(8)　落合淳思『甲骨文字に歴史をよむ』24〜27頁。
(9)　水上静夫『中国古代王朝消滅の謎』（雄山閣出版、1992年）138〜140頁。

結　び

(1) 揲筮して出た数を音律にし、瞽師（盲人）に聴かせ、瞽師が想起した画像によって王が占断した。瞽師は歴史に明るいかたりべである。大司楽は成均の法を管理し、国立大学を整備し、貴族と官吏の子弟を教育するため、優秀な芸能を持ち高潔な人格の瞽師を選んで教授とし、死ねば楽祖の尊号をおくり、瞽宗内に祭った。いま一つ重要なことは、盲人は四季の変化に敏感であるということである。『礼記』月令に「孟春の月、立春に先立つ三日、大史は天子に謁し、某日は立春、盛徳は木に在りという。天子はそこでなすべきことを行う」とある。大史はもとを遡ればかたりべである。

(2) 周易序卦伝に現周易の六十四卦の順次と卦名の由来についての説明があり、雑卦伝にそれとは異なる順次と卦の意味が記されているが、坤兌震巽離坎艮乾の楽音を重ねると、ある卦とそれを反転した卦と、卦名がおおむねペアになっている。たとえば、復 ䷗〈とりもどす〉－豫 ䷏〈あたえる〉、大畜 ䷙〈大いに蓄える〉－遯 ䷠〈のがしてしまう〉、の如くである。六十四卦の卦名は音占のとき、瞽師が聴いた印象である。

(3) 序卦伝・雑卦伝とも、音占いの結果に従っている。

(4) 殷の卜占は、甲骨に吉か凶かを記し、火箸で焼いてできた裂け目で判断した。殷の生業は焼き畑・狩猟で定住できなかったが、周はオアシス農業で、秩序の維持は音楽であると考えていた。繁辞下伝に「易の興るや、其れ中古に於いてするか」とあるように、殷・周両文化の交代期に易は生まれている。

補注　『淮南子』天文訓の十二律

音律の大小は、黄鐘を首とし、三分損益して定めるが、通常『淮南子』の説によって黄鐘を九寸とし、毎寸九分した八十一分で音律の数を求めている。9×9としたのは、1オクターブ上の宮の端数（ピタゴラスのコンマ相当）をより精密にするため。

『淮南子』巻3天文訓には、

　　道に曰く、規は一に始まる、一なれば（一にとどまっていては何も）生ぜず。

前編　音占い

故に分かれて陰陽となり、陰陽合和して万物生ず。故に曰く、「一は二を生じ、二は三を生じ、三は万物を生ず」(『老子』四十二章)と。天地は三月(みつき)して一時をなす。故に祭祀は三飯して以て礼となし、喪紀は三踊(葬儀のとき悲しんでおどりあがる)して以て節となし、兵は三罕を重んじて以て制となす。三を以て物に参す、三三にして九の如し。故に黄鐘の律は九寸にして宮音調(ととの)う(調とは曲の組織の支配的中心をなす音、key)。因(よ)りて之(これ)を九にすれば、九九八十一なり。故に黄鐘の数立つ。黄は土徳の色、鐘は気の種(あつ)まる所なり。日の冬至は、徳気土となる、土の色は黄なり。故に黄鐘と曰う。律の数は六。分ちて雌雄となす。故に十二鐘と曰う。以て十二月に副(かな)う。十二は各々三を以て成る。故に一を置きて十一ごとに之(これ)を三にすれば、積分十七万七千一百四十七となる(3の11乗)。黄鐘の大数立つ。凡そ十二律は、黄鐘を宮(中央の土)となし、太簇は商となし、姑洗は角(清濁高下の中間にある音、故に角)となし、林鐘は徴となし、南呂は羽(最も清んだ音、軽い、故に羽)となす。物は三を以て成り、音は五を以て立つ。三と五にして八の如し。故に卵生する者は八竅(あな)。律の初めて生ずるや、鳳の音を写(うつ)す。故に音は八を以て生ず。黄鐘は宮たり。宮は音の君也。故に黄鐘は子に位す、其の数

作り方
・十二支を右廻りで隔八で廻る
・黄鐘の子から林鐘の未…の如し
・十二消息卦は60音のみ
・五行×3(仲・孟・季各4)=15
　×4=60
・六十四卦中12卦のみ、あとの
　48卦が何に該当するか不明

第8図　十二消息卦

第二章　盲目のかたりべ瞽師

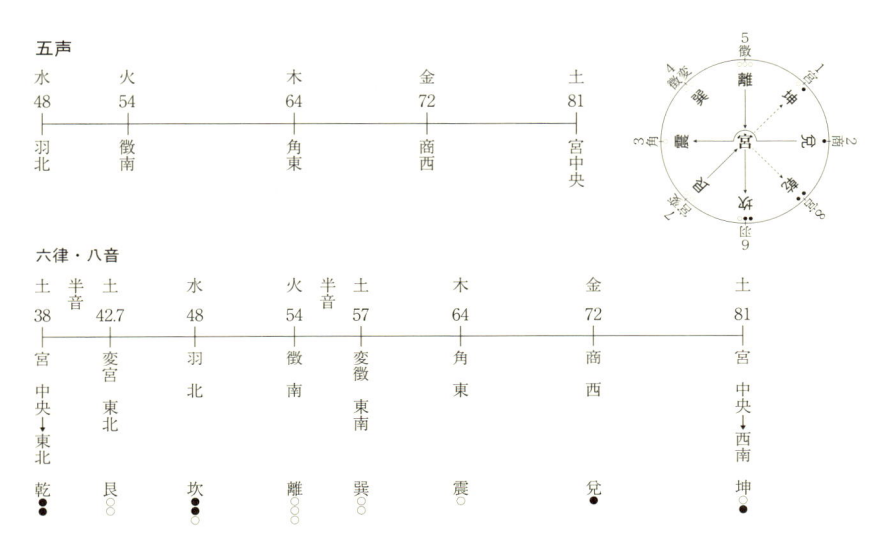

五声

水	火	木	金	土
48	54	64	72	81
羽	徴	角	商	宮
北	南	東	西	中央

六律・八音

土	半音	土	水	火	半音	土	木	金	土
38		42.7	48	54		57	64	72	81
宮		変宮	羽	徴		変徴	角	商	宮
中央↔東北		東北	北	南		東南	東	西	中央↔西南
乾	艮		坎	離	巽		震	兌	坤
●●	○●		○●	●○	○○		○○	●○	●○

第9図　五声・六律・八音

第6表　三分損益法による十二律の排列

1	$81 - \dfrac{81}{3} = 54$	① 81　宮		① 81　律　黄鐘
2	$54 + \dfrac{54}{3} = 72$	② 72　商		② 75.8512　呂　大呂
3	$72 - \dfrac{72}{3} = 48$	③ 64　角		③ 72　律　太簇
4	$48 + \dfrac{48}{3} = 64$	④ 56.8889　変徴		④ 67.4233　呂　夾鐘
5	$64 - \dfrac{64}{3} = 42.6667$	⑤ 54　徴		⑤ 64　律　姑洗
6	$42.6667 + \dfrac{42.6667}{3} = 56.8889$	⑥ 48　羽		⑥ 59.9315　呂　中呂
7	$56.8889 - \dfrac{56.8889}{3} = 37.9256$	⑦ 42.6667　変宮		⑦ 56.8889　律　蕤賓
		⑧ 37.9256　宮	$56.8889 + \dfrac{56.8889}{3} = 75.8512$	⑧ 54　律　林鐘
			$75.8512 - \dfrac{75.8512}{3} = 50.5675$	⑨ 50.5675　呂　夷則
			$50.5675 + \dfrac{50.5675}{3} = 67.4233$	⑩ 48　律　南呂
			$67.4233 - \dfrac{67.4233}{3} = 44.9486$	⑪ 44.9486　呂　無射
			$44.9486 + \dfrac{44.9486}{3} = 59.9315$	⑫ 39.9543　呂　応鐘
			$59.9315 - \dfrac{59.9315}{3} = 39.9543$	←十二律呂の呂はこの枠内の数

※五声　宮商角徴羽
※六律八音の1オクターブ上の宮は、8音中最も高い音（少ない数）

前編　音占い

は八十一、十一月を主どる。下に林鐘を生ず。林鐘の数は五十四、六月を主どる。上に太簇を生ず、太簇の数は七十二、正月を主どる。下に南呂を生ず、南呂の数は四十八、八月を主どる。上に姑洗を生ず、姑洗の数は六十四、三月を主どる。下に応鐘を生ず。応鐘の数は四十二、十月を主どる。上に蕤賓を生ず、蕤賓の数は五十七、五月を主どる。上に大呂を生ず、大呂の数は七十六、十二月を主どる。下に夷則を生ず、夷則の数は五十一、七月を主どる。上に夾鐘を生ず。夾鐘の数は六十八、二月を主どる。下に無射を生ず、無射の数は四十五、九月を主どる。上に仲呂を生ず、仲呂の数は六十、四月を主どる。極まりて生ぜず。徴は宮を生じ、宮は商を生じ、商は羽を生じ、羽は角を生じ、角は姑洗を生じ、姑洗は応鐘を生ず。正音に比す。故に和をなす。応鐘は蕤賓を生ず。正音に比せず。故に繆をなす。日の冬至の音は林鐘に比す、浸くに以て濁る。日の夏至の音は黄鐘に比す、浸くに以て清む。十二律を以て二十四時の変に応ず。甲子は仲呂の徴也、丙子は夾鐘の羽也、戊子は黄鐘の宮也、庚子は無射の商也、壬子は夷則の角也。

とあり、宮を 9 × 9 = 81 としている。

なお、十二支を隔八で回る十二消息卦は、五行納音（ナッチン）である（第8図参照）。

これは、明らかに道教の影響である。宮が変化しただけでなく、陰陽説が取り入れられ、躍動的になされるようになった、と私は思う。それによると、第9図の如くであり、立秋の坤で陽から陰に変わり、冬至で全陰となり、立春で陰から陽に移り、夏至で全陽となる。

三分損益法は第6表の如くである。

37	48	59	70	81	2	13	24	35
36	38	49	60	71	73	3	14	25
26	28	39	50	61	72	74	4	15
16	27	29	40	51	62	64	75	5
6	17	19	30	41	52	63	65	76
77	7	18	20	31	42	53	55	66
67	78	8	10	21	32	43	54	56
57	68	79	9	11	22	33	44	46
47	58	69	80	1	12	23	34	45

第10図　n＝9の魔方陣

周文化を継承した中国人は「数は生き物」「万物は数で理解できる」と考えている。

ちなみに、n＝9の魔方陣はタテ・ヨコ・ナナメとも計369で、■の部分に十二律がすべて入る（第10図）。片岡慎介氏は、その音でムーン・ラプソディを作曲されている。

本稿を作成するにあたって、音楽愛好家の大竹隆氏から種々御教示を頂いた。記して謝意を表す。

後編
陰陽占い

第一章　音占いの終焉と陰陽二爻の組み合わせ記号による易占

はじめに
1　王権の衰退による音占いの終焉
2　K・ヤスパースの枢軸時代の提案
3　遊牧民インパクトと自我の覚醒
4　『易（周易・易経）』と陰陽説
　　イ　奇数を ―、偶数を -- とした理由
　　ロ　― を陽、-- を陰と呼んだ理由
5　易経の六十四卦の排列について
　　イ　64音符（卦名）排列の筋書き
　　ロ　陰陽二爻による表記法との関係
6　陽・陰の組み合わせを見ての易占
　　イ　帛易の組み合わせ法
　　ロ　漢代の象数学―八宮世応図の解説―
結　び
補注 1　練丹と太極図
　　 2　易占に用いた太極図

はじめに

　陰 -- 陽― 二種の記号を組み合わせた八卦、八卦を組み合わせた六十四卦による易占がいつ頃どのようにして成立したのか、それを説明した同時代の文献はない。が、『易経』は陽爻・陰爻によって八卦・六十四卦を示し、卦辞・爻辞を付しており、易家はそれによって占断している。

　すでに見てきたように、易占に使う八卦は、「変通は四時より大なるはなし」（繋辞上伝第11章）とあるように、春分を起点に立夏・夏至・立秋・秋分・立冬・冬至・立春に至る四季の変化を、震（東）・巽（東南）・離（南）・坤（南西）・兌（西）・乾（西北）・坎（北）・艮（北東）に当てはめたもの。この配列を後天八卦と呼ぶ。六十四卦は、微細な変化を知覚するため、1オク

ターブの音を三分損益法によってデジタル化し、宮・商・角・変徴・徴・羽・変宮・オクターブ上の宮の 8 音階とし、後天八卦を二重した旋律和音の倍音の響きを聴いた瞽師（盲目のかたりべ）が想起した象によって、王が占断した。六十四卦の卦名はそれによって名付けられたもの。従って、それは音符であって陰陽とは何の関係もない。

　高木智見氏は、『論語』子罕篇・郷党篇に瞽者の名が見え、衛霊公篇に盲目の楽師師冕の名が見えることによって、春秋時代（前 770 年〜前 403 年）まで、祖先祭祀に際し、盲人楽師が神人交流のため重要な役割をはたしており、郷党における郷飲酒礼に派遣され作楽していたことを論じている[1]。

　では、瞽師による音占いはどうか。孔子が斉に行き、韶の音（舜が作ったとされる楽）を聞き、三月肉味を忘れたというから（『史記』巻 47 孔子世家）、古楽はめったに聴かれなくなっていたであろう。

　音占いが陰陽二爻の八卦・六十四卦による易に変わったのは、周の東遷間もなくではないか。

1　王権の衰退による音占いの終焉

　西周時代は、王に権威があり、諸侯は王の音占いによる占断に従った。しかし、前 771 年、幽王が太子宜臼を廃し、愛姫褒の子を立てようとしたことから大内乱となり、それに乗じて侵入した犬戎に殺され、都の宗周は落ちた。子の平王が東方にのがれ、晋・鄭などの諸侯の援助で洛陽を都として成周の王位についたが、王の権威は地に落ち、実力ある諸侯が台頭した。王自身が自信を喪失し、諸侯を説得できない。諸侯も自身で納得できなければ王の占断に従えない。それで、周易の音占いの音符となった数の奇数を陽 ― とし、偶数を陰 -- とし、これを爻と呼び、6 個の爻の組み合わせを見て、その象により吉凶禍福を占おうとした[2]。

　『春秋左氏伝』荘公 22 年（前 672 年）の伝に、

---

(1)　高木智見「瞽矇の力―春秋時代の盲人楽師について―」（『山口大学文学会誌』第 41 巻、1990 年）。なお、春秋時代の瞽師の活躍については、一色英樹「中国古代楽師考」（『國學院雜誌』第 81 巻第 4 号、1980 年）等、参照。

第一章　音占いの終焉と陰陽二爻の組み合わせ記号による易占

陳の厲公、蔡［の公女］の出なり。故に蔡人五父（公子）を殺して之を立つ。敬仲を生む。其の少なるころ、周の史［官］『周易』を以て陳公に見える者有り。陳公之に筮せしむ。観☷☴の否☰☷に之くに遇う。曰う、「是、国の光を観る。王の賓たるに用うるに利し、と謂う。此其の陳に代わって国を有つか。此に在らず、其は異国に在り。此其の身に非ず、其の子孫に在り。光は遠くして他より輝き有る者なり。坤は土なり、巽は風なり、乾は天なり。風、天となり、土の上なれば山なり。山の材有りて之を照らすに天の光を以てすれば、是に於いて土の上に居す。故に曰う、国の光を観る、王の賓たるに用うるに利し」と。庭実百（百品）を旅べ、之を奉ずるに玉帛を以てす。天地の美具われり。故に曰う、「王に賓たるに用うるに利し、と。猶観ること有る、故に其の後に在るを曰うか。風行くも土に著く、故に其の異国に在るを曰うや。若し異国に在らば、必ず姜姓なり。姜は大嶽の後なり。山嶽なれば則ち天に配す。物は能く両大なし。陳衰え此其れ昌んか。陳の初めに亡びるや、陳桓子始めに斉より大、其の後亡びるや、成子政を得ん」と。

とある。この周の史官は盲目のかたりべではない。彼は撰筮によって出た数の奇数を陽、偶数を陰とし、6個の組み合わせを陳公に示し、その象を解釈、意味づけして陳公を納得させようとしている。

また、僖公15年（前645年）の条に、

晋饑す、秦これに粟を輸す。秦饑す、晋これが糴（糴〈穀物を売り出す〉の誤りか）を閉ざす、故に秦伯晋を伐つ。［秦の］卜徒父之を筮す。吉、「河を渉る。公の車敗す」と。［秦公］之を詰る。対えて曰う、「乃ち大吉な

---

(2) 殷の卜占の兆を見ての占いからこれにいたるプロセスは、前篇　第一章4「周原出土の数占の数は音律か──あわせて連山・帰蔵の存否を問う」で見てきたように、連山の数による占い、ついで1から9までの自然数を奇数・偶数にわけた帰蔵、それから奇偶二数を陰陽二爻にしてふたたび目で見る占いへと変わったわけであるが、連山・帰蔵は実際に行われたかどうかは不明。周易を考え出すプロセスにこのような段階があったことは、後漢の碩学桓譚の『新論』が「連山八万言」（計算では6万9985言）「帰蔵四千三百言」（計算では4320言）と言っていることによって、間違いない。

81

後編　陰陽占い

　　　り。三敗するも、必ず晋君を獲う」と、其の卦《蠱》☷☴に遇う。曰う、
　　　「千乗（の君）三去し、三去の余、其の雄狐を獲う、と。夫れ狐は《蠱》、
　　　必ず其の君なり。《蠱》の貞（内卦）は風（巽☴）なり、其の悔（外卦）
　　　は山（艮☶）なり。歳は云に秋たり、我其の実を落とし、其の材を取る、
　　　克つ所以なり。[晋は]実落ち、材亡す。[秦は]敗れず、何ぞ待たん」
　　　と。
とある。秦の卜徒父は、卦象によって勝敗を占っている。
　また、同年の条に、
　　　初め、晋の献公、伯姫を秦に嫁がすを筮す。帰妹☳☱の睽☲☱に之くに遇
　　　う。史蘇之を占して曰う、「不吉。其の繇（占の言葉）曰う、『士羊を刲（塗
　　　擦）するに、亦衁（血）無きなり。女筐（竹かご）を承け、亦貺（たまもの）
　　　無きなり。西隣責め言うも償うるべからざるなり。帰妹睽に之くも、猶
　　　相う無きなり』と。震☳離☲に之く、亦離震に之く。『雷となり火と
　　　なり、嬴となり姫敗る。車其の輹（車と輿をつなぐもの）に説うも、火
　　　其の旗を焚く、師を行るに利ならず、宗丘に敗れん。帰妹の睽孤は、寇
　　　張の弧。姪其れ姑に従い、六年其れ逋し、其の国に逃げ帰りて、其の家
　　　を棄て、明年其れ高梁の虚に死せん』と」。云々
とある。晋の献公は伯姫を秦に嫁がす吉凶を史蘇に占わせ、史蘇は卦象によっ
て不吉と占している。
　いったい、どうしてそういうことになったのか。いうまでもなく、周の東
遷による王権の失墜が原因であるが、下克上の春秋時代、弱肉強食の戦国時
代は、たんに生産力と生産関係の矛盾としてかたずけるには余りにも問題が
多すぎる。では、どう考えればいいのか。
　アルフレート・ウェーバーは、歴史過程において本当のことがよくわから
ない場合は、社会過程と文明過程と文化運動に三分して考察し、それから三
過程がどのような相互関係、相関関係によって総合的に社会文化的統一体を
形作っているかを考察すべきである、と三分法を提案している[3]。
　A・ウェーバーの論文ははなはだ難解なので、山本新・柴野博子氏の論著
によって紹介すると、社会過程 Gesellschaftsprozess とは、その時の大事件
が何であったか、その時代を動かしてきた人がどのような人物であったか、

82

経済面で大衆はどういう状況にあったか、政治形象は構造上どう発展したか、歴史形象は社会的にどう変容し、他の点でどうまとまり、どう変わったか、具体的出来事のつながりである。大事件とは、いうまでもなく周の東遷である。王の権威が地に落ち、統制力を失った周室に代わって、名目的には周室の宗主権を認めながら諸侯の有力者が覇者となり、会盟を通じて諸国を統制した。下克上である。その覇者も、斉の桓公、晋の文公、楚の荘王（前606年、周室の鼎の軽重を問う）、呉王夫差、越王勾践（一説に、呉越を除いた宋の襄公、秦の穆公）春秋五覇がこもごも代わり、諸侯の公室内でも世族が台頭し、互いに覇権を争い、前403年、晋国の有力世族の韓・魏・趙三氏が他の世族を滅ぼし、主家の領土を分割し、周王がこれを認めて諸侯に列した。これより、弱肉強食の戦国時代となった。

　文明過程 Zivilisationsprozess とは、A・ウェーバーの場合は科学技術過程である。科学技術は、社会的要請により、あるいはその運動を抑圧している社会的要因の除去により、ある歴史体から他の歴史体に継承され、直線的に進歩発展する。中国では、春秋中期に鉄製のスキサキをつけた犂が出現した。犂は牛にひかせるスキである。犂の使用は、木製・石製農具とくらべものにならないほど深耕が容易になる。耕地を平坦にすれば作物の生育が均一になり、収量が増加する。特に灌漑しているところでは、わずかに傾斜させ、灌漑水が耕地一面にゆきわたるようにしなければならない。戦国秦は牛耕によって初県（直轄地）を増設し、「秦は牛耕、水運しているから事をかまえないほうがいい」と他国から怖れられた（趙の平陽君豹が孝成王に言った言葉、『史記』巻43趙世家）。また、鉄の刃をつけた耡は、除草・培土を容易にし、ドライファーミング（乾燥地無灌漑農法）を発展させた。春秋戦国時代、農業生産力は飛躍的に進歩した。

---

(3) アルフレート・ウェーバー著、山本新・信太正三・草薙正夫共訳『文化社会学』（創文社、1958年）、山本新「社会・科学＝技術・文化―A・ウェーバーの文明論を中心に―」（神奈川大学人文学会『人文研究』11集、1958年）、同『文明の構造と変動』（創文社、1961年）、柴野博子「アルフレート・ウェーバー著『文化社会学としての文化史』翻訳研究」（駒澤大学外国語部『研究紀要』8〜11号・18号、同『論集』30号、1979年〜1990年）。

文化運動 Kulturbewegung とは、精神的＝文化的運動のこと。ここにいう文化の概念は、物的に、精神的に存する現存実体のなかで魂がその都度つくる表現の形態、救いの形態である。前6世紀、中国では孔子があらわれ、人間とは何か、人間は如何に生きるべきか、社会とは何か、社会・国家は如何にあるべきかを問うた。それより戦国時代に入ると、孔子を師とする孟子、荀子らの儒家、無為自然を説いた老子を祖とする荘子らの道家、兼愛・非戦を説いた墨子を祖とする墨家、実定法による統治を実践した商鞅の法家、陰陽五行による王朝の交替を説いた陰陽家等々諸子百家があらわれ、中国思想史の黄金時代を出現した。

　中国四千年の歴史において、社会過程についていえば、王朝の交替は何度もあった。異民族のたてた王朝もいくつもあった。文明過程についていえば、南北朝時代、西域作物の流入により荘園では複種栽培が一般化した。文化運動についていえば、後漢の時代に仏教が流入し、南北朝時代に普及して、唐代には儒仏道三尊の一つとなった。にもかかわらず、春秋戦国時代に中国の社会＝文化的統一体（広義の文明）の性格を変えるような変化がなぜおきたのか。

2　K・ヤスパースの枢軸時代の提案

　ハイデルベルク大学学長であったK・ヤスパースは、紀元前500年ころ、前800年から前200年にかけての時代に、

　　　驚くべき事件が集中的に起こった。シナでは孔子と老子が生まれ、シナ哲学のあらゆる方向が発生し、墨子や荘子や列子や、そのほか無数の人びとが思索した、——インドではウパニシャッドが発生し、仏陀が生まれ、懐疑論、唯物論、詭弁術や虚無主義に至るまでのあらゆる哲学的可能性が、シナと同様展開されたのである、——イランではゾロアスターが善と悪との闘争という挑戦的な世界像を説いた、——パレスチナでは、エリアから、イザイアおよびエレミヤをへて、第二イザイアに至る予言者たちが出現した、——ギリシャでは、ホメロスや哲学者たち——パルメニデス、ヘラクレイトス、プラトン——更に悲劇詩人たちや、トゥキュディデスおよびアルキメデスが現われた。以上の名前によって輪郭が漠

第一章　音占いの終焉と陰陽二爻の組み合わせ記号による易占

然となが ら示されるいっさいが、シナ、インドおよび西洋において、どれもが相互に知り合うことなく、ほぼ同時的にこの数世紀間のうちに発生したのである。

　この時代に始まった新しい出来事といえば、これら三つの世界全部において、人間が全体としての存在と、人間自身ならびに人間の限界を意識したということである。人間は世界の恐ろしさと自己の無力さを経験する。人間は根本的な問いを発する。彼は深淵を前にして解脱と救済への念願に駆られる。自己の限界を自覚的に把握すると同時に、人間は自己の最高目標を定める。人間は自己の存在の深い根底と瞭々たる超在において無制約性を経験する。

とし、この時代を Wechsel Zeit 枢軸時代と呼んでいる。そして、この、
　新たな精神的世界には、ある社会的状態が対応しているのであるが、それは三つの地域全部に類似を示している。無数の小国家や都市が鼎立し、ことごとくが闘争し合う、しかもこの際とにかく驚異的な繁栄、力と富の展開が可能であった。シナにおいては弱体化した周王廟のもとで、小国や都市群の生活が優勢となった。政治の趨勢は、小国が他の小国を併呑して大国化することであった。ギリシャ本土と近東においては、小都市の自立生活が営まれたが、ペルシャに征服されたものですら、ある程度この方式を維持した。インドでは、多数の国家と独立都市群が並存した。

　それぞれ三つの世界の内部では、相互の交流の結果、精神的な運動が弘められた。シナの哲学者たち、孔子、墨子およびその他の人びとは、声望の高い、精神生活に恵まれた場所を求めて遍歴した（彼らは百家と称せられるもろもろの学派を形成した）。これはちょうどギリシャのソフィストたちや哲学者たちが旅行し、仏陀が生涯遍歴したのと全く同じである。

といい、では、なぜそうなったのか、
　《この同時性は何がゆえに？》の問いに対し、今までのところ、方法的に論議可能な唯一の答えは、アルフレート・ウェーバーの仮説である。戦車を有した民族ならびに騎乗民族が中央アジアから侵入し——侵入は事実シナ、インド、西洋に及んだ——、これが古代高度文化に馬を持ち

85

込んだのである、――そしてウェーバーの説くように、三地域に類似の結果を生んだ。すなわち、騎乗民族の人間は、馬のおかげで広大な世界を経験する、彼らは征服しながら古代高度文化を同化する、冒険や破滅とともに、彼らは生存の懐疑を経験し、君主的人間として、叙事詩に表現されているような英雄的悲劇的な意識を育て上げる、という結果になったのである。

歴史の転換は、インドヨーロッパ系の騎乗民族の手で行なわれた。彼らは［前］第三千年紀末にヨーロッパと地中海に達した。新しい大規模な推進力（シューブ）をもって彼らは、前1200年頃出現し、そのときイランやインドにも到達した。同じく［前］第二千年末には、騎乗民族はシナにも及んだ。

とし、この、

アルフレート・ウェーバーの提言は、ユーラシア地域において文化が実際に一致して発生した理由を説明している。しかし騎乗民族の出現がどの程度まで決定的な役割を演じたものか、容易に測りがたい。地理的状況や歴史的情勢は、たしかもろもろの先行条件を形作ってはいる。しかしこの際、何ゆえ創造的な働きが入り込むかは、あくまで大きな秘密なのである。

と懐疑し、

この仮説は又、もろもろの運動、移動、征服がすでに数千年に及ぶ古代高度文化に突如として闖入（ちん）してきたという事実、更にインドヨーロッパ人の侵入と枢軸時代の精神的展開の開始との間の潜伏期は――これには千年以上の年月が割り当てられるが――きわめて長く、しかも枢軸時代の開始は驚くほど正確な同時性をもって起こっているという事実を顧みると、説得力を失う。……

と、結論としてウェーバーのいう騎乗（馬）民族説では説明できないとしている[4]。

---

(4) 重田英世訳『ヤスパース選集9　歴史の起源と目標』（理想社、1982年）第一部第一章「枢軸時代」

3　遊牧民インパクトと自我の覚醒

　では、枢軸時代出現の謎に対し、方法的に議論可能な唯一の仮説と思われるウェーバー説のどこに問題があるのか。馬の利用によって、徒歩での移動・交流を一気に拡大したことは間違いないが、馬車に乗るか、馬に乗るかで、技術とその影響は著しく異なる。問題の第一は、馬車と騎馬の違いを無意識に騎馬民族と一括していること、第二は、同じく馬に乗っても、中国人が"千里の馬"とよんでいる足の速いハイラル馬に乗るか、匈奴や後のモンゴル人が乗っていた蒙古馬に乗るかの違いを考えていない、ということである。

　中国では、春秋中期まで車戦を主とし、諸国の兵力は、貴族によって構成され、卿大夫は二頭ないし四頭だての戦車に乗り、馬を奔らせる御者、戈や矛を手にして近づく敵をうつ車右、弓矢を手にして遠敵を射る車左の三人でのり、敵陣に突っ込み、退く戦いかたで、戦車の数で、百乗の君とか千乗の君と呼び、王を一天万乗の大君といった。

　チャリオットが中国に伝わったのは古く、殷人も周人も車戦であった。さきに引いた『左伝』僖公 15 年、秦伯が晋を伐った条のあとに、

　　（進攻してきた秦伯に三敗して韓に退いた晋侯が）慶鄭に曰う「寇は深し（領
　　内深く入った）。之を如何にせん」と。対えて曰う「君実に之を深む。如
　　何にすべきや」と。公曰う「不遜」と。［車］右を卜す。慶鄭が吉。使
　　うなし。歩揚が御戎、家僕徒が車右となる。小駟（四頭だての戦車）に
　　乗る、鄭よりの入なり。慶鄭曰う「古者大事は、必ず其の産［馬］に乗
　　る。其の水土を生じて、其の人心を知り、其の教訓に安じて其の道を
　　服習す。唯之を納める所、志の如くせざる為し。今異産に乗り、以て戎
　　事に従う。懼れ変じるに及び、将に人（御者）と易う。気を乱し狡憤（狂
　　い怒り）、陰血周く作り、脈を張らし憤興し、外彊く中乾き、進退すべ
　　からず、周旋する能わず、君必ず之を悔いん」と。聴くなし。……壬戌、
　　韓原に戦う。晋の戎馬、濘（ぬかるみ）に還って止まる。公、慶鄭に号す。
　　慶鄭曰う、「諫に愎り、卜に違う。固より敗は是求む。又何ぞ逃れんや」
　　と。遂に之を去る。

とある。

後編　陰陽占い

　これに対し、匈奴の戦法は、乗馬服（ズボンに短衣、胡服）で短弓に矢をつがえ、ギャロップして敵陣に迫り、側対歩で反転し、後ろ向きで矢を放ち、陣地にもどってまた矢をつがえ、反復して攻撃するやりかたで、手におえない破壊力である。中国ではじめてこれを採用したのは戦国趙の武霊王で、服制は礼制であり、礼に背けば国が乱れるという重臣の反対をおしきり、その22年（前304）、胡服騎射し、隣国を圧した（『史記』巻43趙世家）。それより前、秦では孝公12年（前360）商鞅の第二次変法により、直轄地である初県の農民を耕戦の士とし（同書巻68商君鞅列伝）、始皇帝は、歩兵と騎兵による厖大な常備軍をもって戦国の他の六国を併合し、ヤスパースのいう枢軸時代の終末期、前221年、諸夏を統一し、中華帝国を出現した。中国人が直接匈奴と対決するようになったのは前4世紀末であるが、前403年にはじまる戦国時代は中国数千年の歴史において正しくWechsel Zeitであった。

　その騎馬技術は、前8世紀末、黒海北岸の草原地帯に現れたスキタイ人が発明したものである。スキタイ人の社会は軍事的で、その中心は騎馬軍団であった。馬具が大いに発達し、鞍や革製の鐙が考案され、戦士は青銅製の甲冑を着用し、短弓と小形の盾をたずさえ、アキナケス型の短剣（径路刀）を差し、三翼鏃の矢をいれた矢筒をさげて出陣した。前6世紀には西方でペルシャ帝国やマケドニアを脅かした。その文化は東方ではシベリアに伝わり、スキト・シベリアン文化となり、それが匈奴に伝わったのである。第二の蒙古馬についていうと、丈が高く、首を立てた西アジア系の馬は、足は速いが、濃厚飼料（主として大麦）を食べさせなければならないため、農耕地帯を離れるとき、大量の穀物を運ばなければならない。これに対し、蒙古馬は、鈍重、背丈が低く乗降に便利である。気候の変化に耐え、かつ粗食に耐える。蒙古馬が粗飼料（草）だけで養われていることは、マルコ・ポーロの『東方見聞録1』に、

　　彼らは必要に迫られればいつでも、些少な馬乳と自分で射とめた獲物だ
　　けを食糧として、まる一ヶ月間を一地に駐留し通すこともできるし、ま
　　た進軍し続けることもできる。彼らの馬匹も同様に、その間じゅう自分
　　で見つけただけの草で耐え抜くから、兵糧・糧秣としてオオムギや藁を
　　携帯する要がない。

とある⁽⁵⁾。

　匈奴は、その馬を駆り、径路刀を差し、短弓をもち、北アジアの東西に広がるステップに雄飛した。

　匈奴の名が史上に現れるのは、前4世紀末、そのころの根拠地はオルドス。オルドスは、アーリア人によってもたらされた鋳銅技術により綏遠ブロンズとして知られた鋳銅器のセンターで、匈奴は金属製の武器をもち、天高く馬肥える秋になると、中国に現れた。一体、遊牧民は水と草とを追って遷徙するというが、そうではなく、夏は涼しい山の草原を分地し、夏営地で、三々五々放牧し、仔羊を育て、乳製品をつくり、秋になり、冷たい風が吹いてくると、一斉に山から下り、あらかじめ牧草を用意しておいた冬営地に向かう。その時、越冬に必要な穀物その他を手にいれるため、中国の国境にくる。交易がうまくいけば引き上げ、成立しなければ侵入して掠奪した。それは、彼らにとって、やむを得ないことであった。燕・趙・秦等の戦国諸国は、長城を築いて防いだ。

　匈奴に対する恐怖と蔑視は、『史記』巻110匈奴列伝に、

　　其の俗、寛なれば則ち畜に随い、因りて禽獣を射猟し生業と為す。急なれば則ち人びと戦攻を習いて侵伐す。其の天性なり。其の長兵なれば則ち弓矢、短兵なれば則ち刀鋋。利なれば則ち進み、不利なれば退き、遁走を羞じず。苟くも利の在る所、礼儀を知らず。君王より以下、咸（みな）畜肉を食し、其の皮革を衣し、旃裘（毛織物の衣服）を被る。壮者は肥美を食し、老者は其の余を食す。壮健を貴び、老弱を賤しむ。父死すれば、其の後母を妻とし、兄弟死すれば、皆其の妻を取り、之を妻とす。其の俗、名有りて諱せず、而して姓・字（あざな）無し。

とあるが如くである。しかし、中国人は、匈奴によって遠い世界の出来事が無関係でないことを知った。

　閉鎖的社会に生きてきた中国人が、殻を破って異質な社会と接し、交易し、戦闘し、社会過程の未曾有な混乱の中で、自我に目覚め、人間とは何か、社会とは何か、人間は如何に生いるべきか、社会・国家は如何にあるべきかを

---

(5) 愛宕松男訳注『東方見聞録1』（平凡社、1970年）150頁。

4 『易(周易・易経)』と陰陽説

イ 奇数を ―、偶数を -- とした理由

周の東遷とともに王権が失墜し、諸侯が自我に目覚め、王の占断に無条件には従えなくなり、納得できる説明を求めるようになった。王自身も諸侯を説得する自信を喪失した。かくして周初以来行ってきた音占いが無意味なものになってしまった。そこで考えだされたのが、奇数を ―、偶数を -- とする符号である。

すでに見てきたように、周易には、『周易(易経)』にさきだち連山・帰蔵なる数占いがあった。連山は、1から10までの自然数を1から5までを上段とし、6から10までを下段に並べ、1・5・6・7・8・9の6数を用い、揲筮で2・3・4がでた場合は2は7に、3は8に4は9に動数(変数)した。しかし、これによると組み合わせは6万9985言となるため、奇数は九、九は記号であり策数、偶数は六、六は記号であり策数。8本ずつ数え、残りを奇数・偶数に分ける。9×8=72策。同じく六なら、6×8=48策、計120策。動(変)数、(3+3)の2乗=36策。120策×36策=4320策。これが帰蔵である。帰蔵の実在は確かめることはできないが、この帰蔵の奇数を ―、偶数を -- なる符号であらわし、「周易」にしたことは間違いない。「周易」は、連山・帰蔵というプロセスを経て成立したのである。この帰蔵は、後に紹介する後代に帰蔵として民間に流行した俗信とは関係ない。「周易」に先立って行われた数占いである。

ところで、「周易」の ―・-- について、繋辞上伝第11章に、

> 易に太極あり、これ両儀を生ず。両儀は四象を生じ、四象は八卦を生ず。

とある。これによって朱熹は『周易本義』の冒頭に第11図(第6図の一部を再掲)のような図を載せ、これを「伏羲八卦次序図」

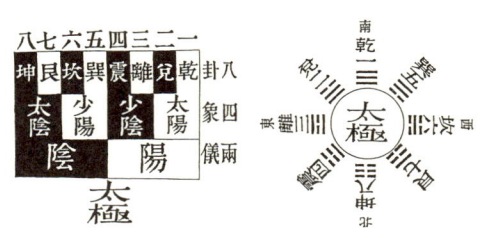

第11図 『周易本義』の「伏羲八卦次序図」(左)と「伏羲八卦方位図」(右)

第一章　音占いの終焉と陰陽二爻の組み合わせ記号による易占

と命名している。この陰陽が―・--であることは、次図の「伏羲八卦方位図」で乾を☰、坤を☷としていることによって明らかである。これによれば、―・--は、太極なるものがあって、陰陽両儀が生じたのであり、それが―・--であるということになる。

　太極の名が最初にあらわれるのは、他ならぬ繋辞上伝である。繋辞上伝がいつ書かれたか、絶対年代は不明であるが、山下静雄氏の研究のよれば、十翼中、相対年代は、序卦伝についで新しいという[6]。

　とすると、「周易」の陰陽説は戦国時代ということになってしまう。太極は無極であるという説もあり、道教の考え方を援用した解釈もあるが[補注1・2]、―・--は、先行する帰蔵が奇数と偶数を分けて九と六とにまとめたことに倣って奇数を―、偶数を--に符号化したものである。しかしながら、これは一とか二とか六とか九とかいう数字に関係があるとは思えない。

　私の考えはつぎの如くである。奇数は、成人が大の字（奇の「可」は音符）のように両腕をひろげると、男子の胸もとに筋肉が―形にあらわれる形象を、女子は乳房によって-が横に並んだ--形になるのを象ったものである。誰しもが日ごろ目していることであるから、説明するまでもなく、共感したであろう。―と--の原義は男と女である。人間の観察から生まれた記号である。この符号を考案したのは、周の東遷と王権の失墜により、音占いが行われなくなったため、奇数・偶数を形象化する必要に迫られた、まさにその時である。

ロ　―を陽、--を陰と呼んだ理由

　白川静氏は、陰陽の原義について、「陰陽はもと、神梯の前で行なわれる魂振り、魂鎮めの儀礼に関する字であった」とし、『説文』14下が陰について「陰は闇なり。水の南、山の北なり」としているのを批判し、「〔易〕にいう陰陽二元の観念は、稷下の五行思想と関連して、のちに起ったものである」としている[7]。

---

(6)　山下静雄『周易十翼の成立と展開』（風間書房、1974年）附録四　十翼の成立年代図参照。

趨衍の王朝交替を説いた「終始五徳の運」が陰陽説によって書かれていることは、『史記』巻74孟子荀卿列伝に「深く陰陽消息を観て」書を著したとあるから疑いない。そうすると、易の陰陽は戦国末ということになる。しかし、実は「易」の経文には五行を示す言葉はない。

易のいう陰陽は、こざとへんがついているから、『説文』のいうとおり日陰・日当たりのことである。生産と生活の場から生まれた言葉である。それで、暗い・明るい、寒い・暑いの意味になり、転じて陰気・陽気・、柔・剛等々を指すようになった。従って、陰陽という呼称は、陰陽五行説とは関係なく、易が、音占いから ― ・－－ 二符号（爻という。爻とは交わるということ）の組み合わせによる占いにかわった時点、すなわち周の東遷による春秋時代の幕開けにつけられた呼称である。

こうしてできた陰陽二爻の組み合わせによる卦の象、爻相互の関係についての解釈が、卦辞・爻辞である、ということとされているが、実は卦辞・爻辞は、周もその初期に瞽師（盲目のかたりべ）が揲筮の結果でた数字（音符）を奏でた音律を聴いて心に浮かべた象であって、陰陽二爻の組み合わせとは関係がない。易を解説した十翼は、孔子の作とされているが、「孔子曰く」も「子（先生）曰く」も、「易」を権威づけるための附会であり、儒家も自説を権威づけるため「易」を積極的に利用した。

5　易経の六十四卦の排列について

イ　64音符（卦名）排列の筋書き

易経の六十四卦の卦名は、揲筮の結果に出た音符である。坤が宮、乾が1オクターブ上の宮。卦の意味は、一番音高の低い宮が、どこまでも伸びる大地を連想したので坤、一番高い1オクターブ上の宮が立冬の乾燥した気象を連想したので乾。

では、その64の音符を現行「周易」のように排列したのは、どういう考えによってであるか。卦名の最も古い解釈は彖伝・象伝である。それによると、次のようになる。

---

(7) 白川静『字統』（平凡社、1984年）陰の項。

第一章　音占いの終焉と陰陽二爻の組み合わせ記号による易占

乾:天、　坤:地、　屯:人間の生誕、　蒙:幼稚蒙昧、　需:時を待つ、　訟:訴え、　師:兵衆、　比:親しむ、　小畜（蓄）:少しく留める、　履:人のふむべき道、　豊:豊か、　否:天地交わらずして万物通ぜず、　同人:人と同じくす、　大有:大いに所有する、　謙:謙遜、　豫:よろこび楽しむ、　随:人に随って行く、　蠱:擾乱腐敗、　臨:民に臨む道、　観:大いに仰ぎ観られる、　噬嗑:かみあわせて口中の異物をとり除く、　賁:柔きたり剛をかざる、　剥:小人が君子をはぐ、　復:返る・一陽来復、　无妄:虚妄なく自然のまま真実であること、　大畜（蓄）:大いに蓄わう、　頤:養う、　大過:大なる者が過ぎる、　習坎:重なる険難に陥る、　離:明ふたたび作る、　咸・剛柔二気が感応して相い組する、　恒:恒久不変、　遯:のがれ退く、　大壮:大なる者が壮ん、　晋:進む・明が地上にでる、　明夷:明るいものが破れ傷つく、　家人:一家の人、　睽:背き違う、　蹇:険前にあり・行き悩んで進まず、　解:解散・解消、　損:下を損じ上を益す、　益:上を損じ下を益す、　夬:決して和す、　姤:柔、剛に遇う、　萃:聚まる、　升:進み升る、　困:困(くる)しむ、　井:井戸、　革:水火相い争い減息す、　鼎:かなえ、　震:雷鳴・振動、　艮:止まる、　漸:漸進、　帰妹:妹を帰(とつ)がせる、　豊:豊大、　旅:旅、　巽:風が後から後へと吹きしたがう、　兌:説(よろこ)ぶ、　渙:散らす、　節:節度、　中孚:心中にまことあり、　小過:小なる者が過ぎる、　既済:既になる、　未済:未だならず。

話の筋書きは、以下のようなものか。

　天地の間に生まれた人間は、幼稚蒙昧であるが、時を待つと、訴訟をおこし、戦いになったり、親しくなったりする。少しく財を蓄え、人のふむべき道を行えば、豊かになり、そうでなければ、万物が通じなくなる。人と同じくすれば、大いに所有するものがあり、しかも謙遜であれば、よろこび楽しむことができる。しかし、人に追従ばかりしていては、擾乱して腐らせてしまう。民に臨む道をわきまえ、民を大切にすれば、民から仰ぎみられる。悪人を法に照らして除去し、柔が剛をかざる。小人が君子を害するが、一陽来復するので安静にして陽気の壮んになるのを待つ。虚妄なく自然のまま真実であれば、大いに蓄え、養うところが正しければ吉である。そうでないと、大なるものが過ぎ、重なる険難に陥

93

るが、明がふたたび興る。

　男女が感応して相い組し、恒久にかわらない。小人が台頭することがあったら、のがれて退く、そうすれば、大なるものが壮んになり、明が地上にでる。明るいものが破れ傷つくことがあったら、まず家内を斉えよ。男女が背き違えば、危険が前にあり、危険を解消しなければならない。下を損じ上を益すはダメ、上を損じ下を益せば、決して和す。壮んな女に遇ったら娶るな。人心があつまれば、進み升り、さもないと困窮する。鼎は聖王が祭りに使う物を煮るもの、雷が鳴り宗廟社稷を守る、止まりあるいは緩やかに進み、女が男に嫁ぐのは天地の大義であり、雷電いたり豊かとなる。旅は苦労の多いもの、後から後へと吹く風に従って行けば、喜びがある。人心の離散をふせぎ、節制を守り、心中にまことあれば、小なるもの、危険が過ぎてとおる。かくして万事がすでに成ったようであるが、じつは未だなっていないのである。

ロ　陰陽二爻による表記法との関係

　さて、先述のように現行の陰陽六十四卦の排列は、卦番号1・2、3・4、……63・64の組み合わせが陰陽裏表、反転になっている。これを、旁通の卦という。ところが、一つのペアから次のペアに移る移り方に、法則性を見いだせない。では、易経の排列はどのようにして出来た（作られた）のか。これは、難問であるが、目下の私の考えを記し、後考を待ちたい。

　乾坤を天地としたのは、先天八卦とは関係なく、音高の高い乾を天、低い坤を地としたもので、不自然ではない。では、坤の次がどうして屯が選ばれたのか。

　3の屯の意味は、象・象によれば「盈つる、物の始めて生ず」である。屯の象形は、大地の下の草木の芽が伸びて地を貫こうとしてなやんでいるさま。これを陰陽二爻の重卦でしめすと、下卦の初爻が陽の ☳ 震、上卦の二爻が陽の ☵ 坎となる。屯に震下・上坎の卦を選んだのは、屯の卦形によると見ていいのではないか。

　屯の次4の蒙の卦形は、卦名の意味「蒙か、物の稺い」とは関係なく、屯卦を反転したもの。次の5の需の卦形は、1の下卦乾の上に3の上卦坎を重

ねたもの。これも卦名の意味「時を待つ」とは関係ない。1卦と3卦との関係から選ばれたもの。7の師の卦形は、6の下卦に、6の上卦乾の表裏の坤を重ねたもの。これも卦名の意味「兵衆」とは関係ない。9の小畜の卦形は、8の下卦坤の表裏の乾の上に巽卦を重ねたもの。これも卦名の意味「少しく留める」とは関係ない。

　卦名の意味との関連を思わせる卦は、八卦中、乾☰・坤☷の他に、震☳・艮☶がある。離☲・坎☵は、卦形を立てると、先天八卦の卦象火・水の字になるが、この解釈は採らない。要するに、3の屯が、卦名の意味に適した卦形を選んでいるのを除き、その他は、これまで見てきたことによると、一つのペアの次の卦の卦形は、卦名の意味とは関係なしに、前のペアの卦と関連のある卦形が選ばれている。11の泰䷊は10の上卦乾☰の上にそれと表裏の坤☷を重ねたもの。13の同人䷌は、離☲卦の上に12の上卦の乾☰を重ねたもの。15の謙䷞は、艮☶の上に14の下卦乾の表裏の坤☷を重ねたもの。17の随䷐は16の上卦震☳の上に震の反転・表裏の兌☱を重ねたもの。以下同様で、前のペアの卦となんらかの関係のある卦を64の卦形の中から選んでいる。序卦伝は、その排列を覚えやすくするため、卦の意味と次の卦に関係ある意味付けをし、陰陽六十四卦の排列に哲学的意味を持たせようとしたものである。

　易経六十四卦の排列は、反転・裏表の関係がキイになっている。反転・表裏の卦を旁通の卦という。旁とは、隣り合っているということである。それによって、しかく機械的に排列し、陰陽記号に意味を付与し、陰陽二記号によって儒家の人間育成、社会・国家の経営に必要な心得を説くことを可能にした、と私は考えている。

6　陽・陰の組み合わせを見ての易占

イ　帛易の組み合わせ法

　朱熹は『周易本義』の図版で、説卦伝第10章の父母六子を図解し、文王八卦次序とし、震に始まり右回りして巽・離……艮に至る後天八卦を文王八卦方位図としている（第6図参照）。しかし、両者には対応関係がない。父母六子とは、説卦伝第10章に、

乾は天なり、故に父と称す。坤は地なり、故に母と称す。震は一索（ひ
　　とたび策めるの意）して男を得、故にこれを長男と謂う。巽は一策して女
　　を得、故にこれを長女と謂う。坎は再索して男を得、故にこれを中男と
　　謂う。離は再索して女を得、故にこれを中女と謂う。艮は三索して男を得、
　　故にこれを少男と謂う。兌は三索して女を得、故にこれを少女と謂う。
とあるが如く、全陰の坤に、全陽の乾から陽爻を得て初爻が陰となれば震と
なり、これを長男とよび、逆に全陰の坤の初爻が陽となれば巽となり、これ
を長女とよび、乾の二爻が陰となれば、これを中男とよび、坤の二爻が陽と
なれば中女とよび、乾の三爻が陰となれば艮となり、これを少男とよび、坤
の三爻が陽となれば兌となり、これを少女とよび、陽爻が動く卦を男つまり
陽卦とし、陰爻の動く卦を女つまり陰卦としたものである。
　　繫辞下伝第4章に、
　　　陽卦は陰多く、陰卦は陽多し。その故は何ぞや。陽卦は奇にして、陰卦
　　は耦なればなり。その徳行は何ぞや。陽は一君にして二民、君子の道な
　　り。陰は二君にして一民、小人の道なり。
とある。「陽卦は奇」とは、─を1画、- -を2画とすると、一陽二陰で5画。
「陰卦は偶」とは、一陰二陽で4画だからである。
　　ところで、1973年、湖南省長沙市馬王堆第3号漢墓から出土した帛書に『老
子』、『周易』その他逸書二十余種があり、その中の『周易』は、通行本と較
べると、文字・排列ともかなりの違いがある。連劭名氏が整理されたものに
よると[8]、異同は以下の如くである。

　　　1 鍵は乾：意味かぎ、2 婦は否：意味よめ、3 椽は遯：意味たるき、4
礼は覆：意味礼、5 訟は訟：意味訴え、6 同人は同人：意味人と同じ、
7 无孟は无妄：音通で意味妄らでない、8 狗は姤：意味いぬ

　　　9 根は艮：意味ね、10 泰畜は大畜：意味おおいに蓄う、11 剝は剝：
意味剝奪、12 損は損：意味損する、13 蒙は蒙：意味蒙昧、14 繫は賁：
意味繁る、15 頤は頤：意味養う、16 箇は蠱：意味個　音通で蠱か

　　　17 贛は坎　灨と同じ川の名：音通で意味谷や川などの神を祭るため
に掘った穴、18 襦は需：音通で意味需要、19 比は比：意味親しむ、20
蹇は蹇：意味あしなえ、21 節は節：意味節度、22 既済は既済：意味既

第一章　音占いの終焉と陰陽二爻の組み合わせ記号による易占

になる、23 屯は屯：意味とめる、24 井は井：意味通じる

　25 辰は震：音通で意味春雷、26 泰壮は大壮：音通で意味大壮、27 余は豫：音通で意味与える、28 少過は小過：意味過ぎる、29 帰妹は帰妹：意味帰着する、30 解は解：意味解く、31 豊は豊：意味豊か、32 恒は恒：意味つね

　33 川は坤：意味水が流れる伸びた大地、34 □は泰：意味安泰、35 嗛は謙：音通で意味謙譲、36 林は臨：音通で意味民に君臨する、37 師は師：意味戦い、38 明夷は明夷：意味傷れる、39 復は復：意味とりもどす、40 登は升：意味のぼる

　41 奪は兌：音通で意味説(よろこ)ぶ、42 夬(けっ)は夬(かい)：意味決断する、43 卒は萃：音通で意味民が集まる、44 欽は咸：音通で意味みな、45 困は困：意味苦しむ、46 勒は革：音通で意味改める、47 隋は随：音通で意味人に随う、48 泰過は大過：意味行き過ぎる

　49 羅は離：音通で意味きれいに並ぶ、50 大有は大有：意味大いに有る、51 溍は晋：意味進む、52 旅は旅：意味旅、53 乖は睽(かいけい)：意味背く、54 未済は未済：意味未だならず、55 筮□は噬嗑：意味食う、56 鼎は鼎：意味家の宝

　57 筭は巽：音通で意味数える、58 少䅵は小畜：意味少しく植える、59 観は観：意味見上げる、60 漸は漸：意味漸次、61 中復は中孚：意味音通で中庸・誠、62 渙は渙：意味離散、63 家人は家人：意味家に帰る、64 益は益：意味益す

音占いによる六十四卦の意味は、前編第二章2「六十四卦の卦名の由来」参照。

　組み合わせは、韓仲民氏が整理されたものによると[9]、第7表の如くである。

　下卦が、繋辞下伝4章の「陰が多いのが陽卦、陽が多いのが陰卦」という陰卦・陽卦の分け方にしたがって、全陽の鍵、ついで全陰の川、一陽二陰の

---

(8)　連劭名「帛易《周易》卦名校釈」(『文史』第36、1992年)。

(9)　韓仲民『帛易説略』(北京師範大学出版社、1992年) 82頁。なお、1998年までの帛易にかんする研究論文は、寥名春『帛易《易伝》初探』(文史哲出版社、1998年) 附録1　帛書易伝研究論著目録参照。

97

後編　陰陽占い

第7表　馬王堆第3号漢墓出土帛書『周易』の卦名・排列

		(乾)鍵	(艮)根	(坎)贛	(震)辰	(坤)川	(兌)奪	(離)羅	(巽)筭
	上卦／下卦	☰	☶	☵	☳	☷	☱	☲	☴
		1 鍵	9 根	17 贛	25 辰	33 川	41 奪	49 羅	57 筭
(乾)鍵	☰		10 泰蓄	18 襦	26 泰壯	34 □	42 夬	50 大有	58 少䎡
(坤)川	☷	2 婦	11 剝	19 比	27 餘		43 卒	51 溍	59 観
(艮)根	☶	3 椽		20 蹇	28 少過	35 嗛	44 欽	52 旅	60 漸
(兌)奪	☱	4 禮	12 損	21 節	29 歸妹	36 林		53 乖	61 中復
(坎)贛	☵	5 訟	13 蒙		30 解	37 師	45 困	54 未濟	62 渙
(離)羅	☲	6 同人	14 繁	22 既濟	31 豊	38 明夷	46 勒		63 家人
(震)辰	☳	7 无孟	15 頤	23 屯		39 復	47 隋	55 筮□	64 益
(巽)筭	☴	8 狗	16 箇	24 井	32 恒	40 登	48 泰過	56 鼎	

根、ついで一陰二陽の奪、一陽二陰の贛、ついで一陰二陽の羅、一陽二陰の辰、ついで一陰二陽の筭の順に排列したもの。

　上卦は、説卦伝第10章の父母六子の全陽の父の鍵、陰爻中三爻が陽の少男の根、中爻が陽の次男の贛、初爻が陽の長男の辰、以上は陽卦。全陰の母の川、陽爻中三爻が陰の少女の奪、中爻が陰の次女の羅、初爻が陰の長女の筭、以上は陰卦の順に配列したもの。

　下卦は、徳行からみると、一陽が二陰を支配するのが君子の道であり、一陰が二陽を支配するのは小人の道であるという社会・国家のあるべき姿であり、それを実現させるのは、上卦のような正しい夫婦の結びつきであり、子作りであるという家族道徳の組み合わせである。周易下経の最初の咸卦について、序卦伝が、「男女があって夫婦があり、夫婦があって然る後、父子君臣上下の人倫が発生する」と言っている考えによる組み合わせである。

　下卦と上卦の組み合わせ方は何通りもあり、それによって六十四卦の次序も著しく変化するが、帛易がこのような組み合わせをしているのは、意味があってのことと考えなければなるまい。その意図は、八卦の並べ方、組み合わせ方に意味を持たせて、陰陽二爻で示された八卦・六十四卦による易占が

98

第一章　音占いの終焉と陰陽二爻の組み合わせ記号による易占

有意義であると思わせるようにしたものである。
　ちなみに、音占いの場合は、下卦・上卦とも音階順の坤・兌・震・巽・離・坎・艮・乾の配列である。前編第二章2のロ「後天八卦を二重した和音の響き」参照。

ロ　漢代の象数学──八宮世応図の解説──

　八宮世応は漢・京房の易学術語。『京氏易伝』にいう。八位卦の重卦を八宮卦、八純卦、八宮本位卦と称す。
　上卦の排列順序は、乾・震・坎・艮・坤・巽・離・兌。これは、説卦伝の父母・六子、帛易と同じである。前の4卦を陽卦とし、後の4卦を陰卦とし、1宮卦ごとに7卦、八宮卦がその余の56卦を頭領する。
　下卦は、上から本宮・一世・二世・三世・四世・五世・游魂・帰魂と呼ぶ。全陽の乾を本宮とする卦、卦番号1の乾の一世は、初爻を陰に変えた卦番号2の姤、二世は初爻・二爻を陰に変えた卦番号3の遯、三世は初爻・二爻・三爻を陰に変えた卦番号4の否、四世は初爻・二爻・三爻・四爻を陰に変えた卦番号5の観、五世は初爻・二爻・三爻・四爻・五爻を陰に変えた卦番号6の剥、游魂は剥の四爻を陰から陽に変えた卦番号7の晋、帰魂は游魂の晋の下卦の全陰を全容に変えた卦番号8の大有。
　游魂・帰魂は、繋辞上伝第4章の「精気は物を為し、遊魂は変を為す、是の故に鬼神の情状を知る」、「陰陽の精気は結合して事物を形成し、その精気を分散して生ずる遊魂はくさぐさの変化となる。だからこそ易に拠って陰陽の理を窮めれば、鬼神の情状をも知り得るのである」（岩波『易経』訳）から、とった用語である。
　陽陰陰の震を本宮とする卦、卦番号9の一世は、初爻を陰に変えた卦番号10の豫。二世は、初爻を陰・二爻を陽に変えた卦番号11の解。三世は、初爻を陰、二爻を陽、三爻を陽に変えた卦番号12の恒。四世は、初爻を陰、二爻を陽、三爻を陽、四爻を陰に変えた卦番号13の升。五世は、初爻を陰、二爻を陽、三爻を陽、四爻を陰、五爻を陽に変えた卦番号14の井。游魂は、井の四爻を陰から陽に変えた卦番後15の大過。帰魂は、大過の初爻を陽、二爻を陰、三爻を陰に変えた卦番号16の随。このように、本宮卦の初爻を

後編　陰陽占い

第8表　八宮世応図

旁通卦（變卦）

本宮	1 乾	9 震	17 坎	25 艮	33 坤	41 巽	49 離	57 兌
一世	2 姤	10 豫	18 節	26 賁	34 復	42 小畜	50 旅	58 困
二世	3 遯	11 解	19 屯	27 大畜	35 臨	43 家人	51 鼎	59 萃
三世	4 否	12 恒	20 既済	28 損	36 泰	44 益	52 未済	60 咸
四世	5 観	13 升	21 革	29 睽	37 大壮	45 无妄	53 蒙	61 蹇
五世	6 剝	14 井	22 豊	30 履	38 夬	46 噬嗑	54 渙	62 謙
遊魂	7 晋	15 大過	23 明夷	31 中孚	39 需	47 頤	55 訟	63 小過
帰魂	8 大有	16 随	24 師	32 漸	40 比	48 蠱	56 同人	64 帰妹
第一段	28/20 8多	20/28 8多	20/28 8多	28/20 8多	20/28 8多	28/20 8多	28/20 8多	20/28 8多
第二段	48/48 乾±0		48/48 坎±0		48/48 坤±0		48/48 離±0	
第三段	96/96 乾±0				96/96 坤±0			
第四段	192/192 易±0							

変したものを一世。初爻、二爻を変したものを二世。初爻、二爻、三爻を変したものを三世。初爻、二爻、三爻、四爻を変したものを四世。初爻、二爻、三爻、四爻、五爻を変したものを五世。五世の爻四を変したものを游魂。游魂の下卦を変したものを帰魂とし、64卦を排列したのが八宮世応である。

すでに辛賢氏が指摘されてるように[10]、この排列は、八宮を中心とする縦方向の陰・陽の数は、第1段、乾・震・坎・艮・坤・巽・離・兌の各卦が「28 20」あるいは「20 28」、数の差はともに「8」。第2段、2段ずつの合計が「48 48」、差「0」。第3段、4段ずつの合計が「96 96」、差「0」。第4段、8段の合計が「192 192」、差「0」である。見事な数理的規律をなしている。

世応の応とは、世と応のことである。「応」とは六爻相互間の関係につい

---

(10) 辛賢『漢易術数論研究―馬王堆から『太玄』まで』（汲古書院、2002年）134〜136頁。

て用いる術語。上下に対応する爻。初爻と四爻、二爻と五爻、三爻と上爻とが一陰一陽の時、これを「応」という。しからざる時は「不応」「敵応」という。六爻相互間の関係については、「応」のほかに、「比」上下隣接するの関係、「承」陰が下にあって上の陽を承ける、「乗」陰をもって陽の上に乗る、「拠」陽をもって陰の上に拠る、などの約束事があって、読み方が複雑である。

ところで、六爻には三才の位、陰陽の位、貴賤の位がある。三才の位とは、下二爻を地位、中二爻を人位、上二爻を天位という。陰陽の位とは、奇数の初爻・三爻・五爻を陽位、偶数の二爻・四爻・上爻を陰位という。貴賤の位とは、初爻を庶人、二爻を士、三爻を大夫、四爻を公卿、五爻を君、上爻を無位の尊者すなわち太上天皇あるいは王公につかえる隠者の位とする。人事についての占いは、貴賤の位によって考察する。

そこで、八宮世応図について、占った結果の対応関係をみると、乾（天）の一世は姤（遇う）庶民が遇う、艮（山）の一世は賁（飾る）庶民が飾る、乾の二世は遯（退避）士が退避する、艮の二世は大畜（蓄う）士が蓄う、云々であって、何の対応関係も無い。

帛易は漢初文帝時代のもの。この京房は漢末成帝時代に活躍した李君明、律学者であり、天文・暦法に明るい学者である。漢初に行われていた帛易はさきに見たように正しい夫婦の結びつきと子づくりが、君子の支配する社会・国家をつくるという排列。京房の八宮世応説は象数を整えるため、組み合わせを変え、そのため漢の象数学は複雑微妙な呪術的筮法になっていった。漢代の象数学が読書人から支持を失っていったのは不可思議ではない。いわんや庶民は、易占と関係のない数合わせとしか思わなかったであろう。

結　び

(1) 西周時代は、王に権威があり、諸侯は王の音占いによる占断にしたがったが、周の東遷により王の権威が失墜し、自我に目覚めた諸侯が納得できる説明を求めるようになった。そこで考え出されたのが、陰-- ・陽—二爻による易占である。

(2) では、どういう経緯でそうなったのか。K・ヤスパースは、紀元前500年を中心に、前800年から前200年にかけ、驚くべきことが集中的に起

後編　陰陽占い

こった。中国では孔子と老子が人間の存在を問い、インドでは仏陀が解脱を説き、イランではゾロアスターが善と悪との闘争を説き、パレスチナでは預言者が出現し、ギリシャではホメロスからプラトンにいたる哲学者があらわれ、これらは相互に知り合うことなく、ほぼ同時代に発生したとし、この時代を枢軸時代とよんでいる。

（3）そして彼は、この同時性の謎を解く唯一の仮説は、A・ウェーバーの騎乗（馬）民族の出現説であるとしながらも、枢軸時代の正確な同時性を考えると、説得力を失うと懐疑している。

（4）ウェーバーの問題点は、① 馬車と騎乗（馬）を一括して、馬を利用した人たちを騎乗（馬）民族とよんでいること、② 西アジア系の馬は足が速いが、濃厚飼料を必要とし、大量の穀物を運ばなければならないのに対し、蒙古馬は粗飼料（草）を食べて自活し、かつ気候の変化に耐える。匈奴はそれによって北アジアの東西に広がるステップに雄飛した。

（5）匈奴の名が史上に現れたのは前4世紀末。そのころの根拠地はオルドス。オルドスはアーリア人によってもたらされた鋳銅技術のセンター。匈奴は金属製の武器をもち、秋になると中国に現れた。越冬用の穀物を手にいれるためである。交易が成立しなければ、侵入して掠奪した。戦国諸国は長城を築いて防いだが、それによって中国人は、想像もしていなかった遠い世界の出来事が無関係でないことを知った。閉鎖的社会に生きてきた中国人が、殻を破って異質な世界に接し、交易し戦闘し、未曾有な混乱のなかで、夏華としての自我に目覚めさせたのは、遊牧民インパクトである。

（6）陰陽二爻による八卦・六十四卦の成立について、白川静氏は「［易］にいう陰陽二元の観念は、稷下の五行思想と関連して、のちに起こったものである」とされる。そうすると、戦国末ということになるが、音占いが行われなくなった東周の初めである。筮によってでた音符の奇数を ━ 、偶数を ╌ としたのは、「周易」の前の帰蔵（漢以後の呼称）が連山の奇数を九、偶数を六としたのに倣ったものである。

（7）奇数を ━ 、偶数を ╌ としたのは、成人男子が、奇の字のように（可は音符）両腕を拡げると胸もとに筋肉が ━ 状にあらわれ、女子は乳房によって ╌ 状になるからである。━ と ╌ の原義は、男と女である。人間の観察

から生まれた符号である。これを陰陽とよんだのは、日陰・日当たりのことで、生活と生産の場から生まれた呼称である。

(8) 現行易経六十四卦の排列は、八音の宮を天、1オクターブ上の宮を地とし、64音を天地の間を生きてゆく人間のあるべき姿に並べ、屯の意味が始生なので初爻・5爻を陽とする卦を屯とし、あとは反転・表裏する卦を選んで卦名に当てはめたものである。

(9) 1973年、長沙馬王堆第3号漢墓から出土した帛易は、卦名が現行本とかなり違うが、下卦は、一陽二陰が君子の卦、一陰二陽が小人の卦という排列、上卦が父母・六子の排列。正しい家族関係が、あるべき社会・国家をつくる、という組み合わせである。陰陽二爻でしめされた八卦・六十四卦による易占が有意義であると思わせるようにしたものである。

(10) 漢・京房(成帝時に活躍した李君明)の「八宮世応図」は、帛易と似ているが、帛易は、正しい夫婦・子作りが、君子の支配する社会・国家をつくるという排列であるのに対し、「八宮世応図」は数理的規律を求めるあまり、意味のない数あわせになってしまった。そのため、漢の象数学はやがて支持者を失ってしまった。

補注1　錬丹と太極図

太極は、道教では無極という。道教の太極図は錬丹から考えだされたもの。

太極図は、五代・宋初、華山の道士陳摶が蜀の仙人からもらいうけたという。第12図は、それにより周敦頤が唱えた『太極図』に、朱熹が修正を加えたもの。もとは、錬丹の過程を示した図である。

本図について金谷治氏は、

　　一番上の〇は「無極にして太極」といわれて宇宙の本体である。しかしそれはあくまで陰陽についてあるもので、それを離れた超越でないことが力説される。その活動が陽であり、動が極まって静になるとそれが

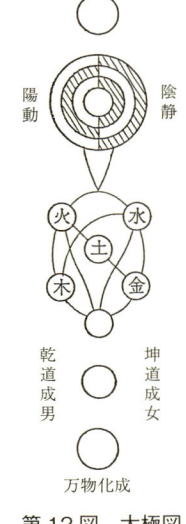

第12図　太極図

後編　陰陽占い

陰である。この動と静は無限にくりかえされる。そして、その陰陽の交流から五行が生まれ、万物が生成されることになる。陰陽動静の対待循環が永久にくりかえされるのでなければ、万物の生成はとまってしまう。と解説されている。金谷治『易の話』（講談社　1972年）179頁。

補注２　易占に用いた太極図

八卦によった古太極図は、幾つもあるが、いずれも先天八卦によって作図している。繋辞上伝第11章に「変通は四時より大なるはなし」とある。私案太極図（第14図）は、後天八卦によっている。

①②③……は、後天八卦の背番号。陰陽も先天八卦と異なる。陰陽は、前編第二章補注「『淮南子』天文訓の十二律」参照。

①─⑧を結ぶ線と平行関係にある２卦の背番号の和は９。９は一桁の自然数の極数、聖数。

繋辞上伝第９章に「大衍の数五十」とある大衍とは、いくつもの支流をいれて海に流れ込む大河。50は、五行始生における天地の最大数。

〔　〕内は楽器。『白虎通』礼楽６の一説による。鼓ははじめ、柷はおわり。

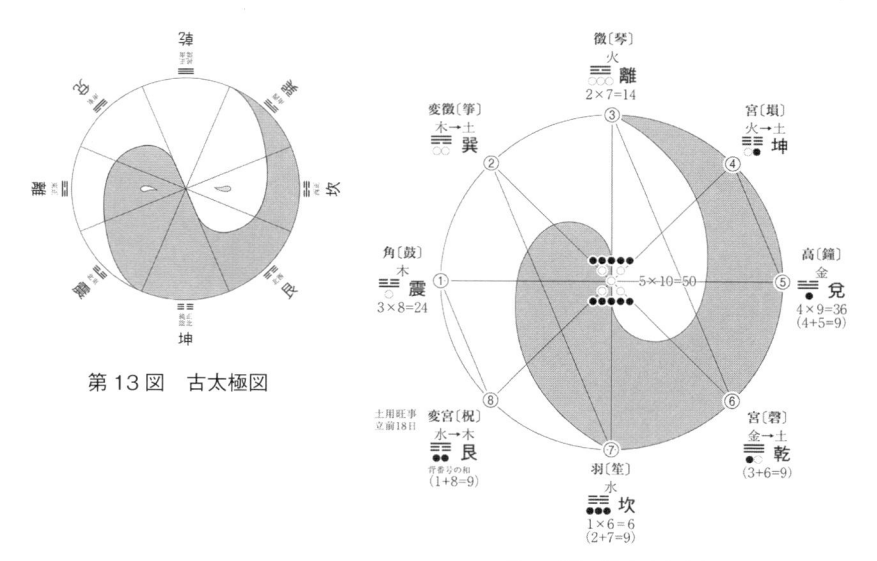

第13図　古太極図

第14図　私案太極図

第二章　周易に関連した俗信

　はじめに
1　秦代にはあった「帰蔵」
2　甲子納音
　　イ　北宋・沈括の六十甲子納音
　　ロ　南宋・洪邁の五行納音
　　ハ　明・陶宗儀『輟耕録』引く欠名撰『瑞桂堂暇録』の六十甲子納音
　　ニ　『輟耕録』引く「日家の一書」の納音
　結　び
　補注　江戸時代の暦にはじまる納音占いの記載

はじめに

　周原出土遺物に記された３字・６字の数字は、三分損益法による宮・商・角・変徴・徴・羽・変宮・１オクターブ上の宮８音階を示す音符であって、所定の演奏法に従って演奏した音律を、盲目のかたりべ（瞽師）が聴いて想起した象によって、王が占断したものである。前771年、西周が亡び、平王が諸侯に助けられ洛陽で王位についたが、諸侯は王の音占いを信じず、王も諸侯を説得できず、そこで諸侯が納得できる方法として陰陽二爻による八卦・六十四卦の易占が考え出されたのである。

　50本の筮竹を用いての筮法は、前編第一章の２「揲筮の数」で紹介した如くであるが、陰陽占いには、初爻と四爻、二爻と五爻、三爻と上爻が一陰一陽のときは応とよび、しからざるときは不応とよぶとか、初爻と二爻、二爻と三爻、三爻と四爻、五爻と上爻が一陰一陽であれば比とよび、しからざるときは、不比であるとか、老陽は少陰に、老陰は少陽に変爻するとか、いろいろな約束事があって、解釈が複雑難解である。高田真治氏が「こうして卦と爻が得られれば、彖・象の辞によって占った事項のだいたいの吉凶を観、つぎにその爻辞によって細密な判断をして占断が下されるのであるが、その

正しい判断をするのがなかなかむずかしいのである。たとえば占筮して求めるところの卦や爻を得たとしても、その求め得た本卦の中には、すでに之卦や互卦が含まれており、さらに包卦・伏卦・反卦等といって必然的に他の卦の意象が包蔵・反照されているのであり、極言すれば一つの本卦の中には、他の六十三卦の全部が表現されていることともなるのであるから、これを見きわめて正確な判断を下すことが容易でないことになる。当るも八卦、当らぬも八卦というのは、この判断の正否によって分かれるのである」(『易経(上)』岩波書店、1969年、68～69頁) と指摘されているように、占者の学識・経験・修養が要請される。

かくして易は、『周易』の経伝のいうことを、象形の変化によってその義理を説明しようとし、宇宙論から人生論におよぶ壮大な中国固有の哲学を構築する一方、漢代には数の配列を工夫し、易を天文・暦法に合わせようとする術数学が流行した。しかし、「武帝の五経博士(後漢代易が筆頭経典になった)を立て弟子員を開きてより、……大師衆千余人に至る。蓋し禄利の路の然るなり」(『漢書』巻88儒林伝)とある官途をめざす士大夫以外の庶民にとって義理学も術数学も関係なく、人々を易にひきつけたのは運命をさきどりして知ることにあった。そうした要望に応じて易に関連したさまざまな俗信が生まれ、流行した。その主たるものについて見てみよう。

1 秦代にはあった「帰蔵」

『周礼』春官大卜の条に「三易の灋(法)を掌る。一に曰く連山、二に曰く帰蔵、三に曰く周易。其の経卦は皆八、其の別は皆六十有四なり」とある。連山を夏易、帰蔵を殷易とする鄭玄説の不可なることは、殷の卜兆による占いにたいし、両易とも揲筮の数三個を積み重ねたものを八卦とし、それを重卦したものを六十四卦としたとあることによって明らかである。三易の法とは、1から9までの1桁の自然数のうち、1、5、6、7、8、9の6数を用い、2がでた場合は7に、3は8に、4は9に動数した連山、奇数は9、偶数は6とした帰蔵(ただし蔵は漢以降の字、もと何と呼んでいたかは不明)、それから奇偶二数の組み合わせを音符とした音占い、そして奇偶二数を陰陽二爻にしたのが「周易(易経)」である。これは、周易が成立したプロセスである。

「周易」の前に帰蔵易のような段階があったことは、帰蔵の名を記した最も古い典籍、後漢の碩学桓譚の『新論』に「帰蔵、四千三百六十言」とあるが、策数を計算すると、

- 筮50本－1本＝49本、 左右に二分、右手の1本を左小指にはさむ。
- 8本ずつ引いた残りに、さきの1を加える、6回で1卦。
- 奇数九は記号であり策数、8本ずつ数え、残りを奇数・偶数にわける。
- 9×8＝72策、同じく六なら6×8＝48策、計120策、変数（3+3）の2乗＝36策。
- 120策×36策＝4320策。

となり、『新論』の4360言と近い数となることによって肯定される。ただし、それがどのような易であるか、卦辞・爻辞とも不明である。

　清の朱彝尊の『経義考』巻2・巻3および馬国翰輯『玉函山房輯本佚書』巻1に連山・帰蔵なる書の佚文が収録されており、川村潮氏が輯校されたものによると[1]、たとえば、「羿、無死の薬を西王母に請い、昔姮娥、之を竊みて以て月に奔る。将に往かんとして之を有黄に枚筮せしむ。有黄、之を筮して曰く、吉。翩翩たる帰妹、独り将に西行せんとし、天に逢いて晦芒するも、驚く勿かれ、恐るる勿かれ、後其れ大いに昌えん、と」とあり、音占によって名付けられた帰妹の卦名が出てくることによって、これらが「周易」以後のものであることは明らかである。そして一般には、この種の『帰蔵』は魏晋期の偽作であるとされていた。

　ところが、1993年、湖北省江陵県（当時）王家台15号秦墓出土の「易占」と仮称された竹簡群が、『帰蔵』佚文の一部とほぼ一致することが明らかとなった。これによって、遅くとも秦代に、周易と占法は同じであるが、『周易』と全く異なる魏晋の「帰蔵」と同じ易があったことが明らかとなった。「帰蔵」の名が『漢書』巻30芸文志に見られないのは、川村氏のいわれるように、民間でつくられ流布された典籍で、宮中の蔵書になかった為であろう。

　では、なぜこのような易が作られたのか。「周易」は、本来音占いであっ

---

(1) 川村潮「『帰蔵』の伝承に関する一考察　附、『帰蔵』佚文輯校」（『早稲田大学大学院文学研究科紀要』第52輯第4分冊、2007年）。

たものを、音符の数字の奇偶を陰陽二爻にして爻の組み合わせを見て吉凶を判断したもの。いくら立派な義理を言っても、所詮はこじつけである。庶民には関係のないことである。それで卦名を見て、いささかでも関係のありそうな神話・伝説等々を捜して経文としたのである。

　前引の羿の話。羿は弓の名手である。ある日、十の太陽がいっぺんに出たため、地上が焼きただれ、人民がもがき苦しんだ。天帝が羿に処置を命じると、羿は九つの太陽を打ち落としてしまった。善処を求めていた天帝は、怒って羿を天界から追放した。地上に降ろされた羿は、妻の嫦（姮）娥の不服を静めるため、西王母に相談したところ、二個の薬をくれた。これを飲めば不死となり、二個飲めば天人になれる。嫦娥は羿の留守に二個を飲んで天界の飛んだが、それを見ていた天帝は、嫦娥を月に追いやった。それで、月には不死の薬を持った嫦娥がいるのである。人口に膾炙した話である。

　前掲姮娥の経文は、多分帰妹卦のそれであろう。帰妹とは、年少の娘を帰がせること。

　嫦娥の話が帰妹卦の経文として用いられたのは、その六五に「帝乙妹を帰がしむ。その君の袂は、その娣の袂の良きにしかず。月望に幾し。吉なり」とあるのによってであろう。

　また川村「佚文輯校」21「明夷曰く、昔夏后啓筮し、龍に乗りて天に登る。而して皐陶に牧占せしむ。皐陶曰く、吉。しかも必ずや神と交通すると同じく、身を以て帝となり、以て四卿に王たらん」とある経文が明夷の経文として用いられたのは、その上六に「明かならずして晦し。初めは天に登り、後には地に入る。象に曰く、初めは天に登るとは、四国を照らすなり。後には地に入るとは、則を失うなり」とあるのによってであろう。

　皐陶は、有虞氏時代の人。舜の臣。最も法理に通じ、法を立て、刑を制し、獄を造ったことで知られている。獄中の神を皐陶鬼という。民衆が最もおそれていた伝説上の役人である。

　「帰蔵」の作家は、『周易』の経伝（卦名が現行本と異なるものもある）の文といささかでも関係のありそうな神話・伝説等々を捜して、民衆にわかりやすいような経文につくりかえたのである。

2　甲子納音

　納音とは、漢代易学の術語。十干十二支、十二月、十二方位、八風および卦爻を十二律に配納したもの。それで納音という。北宋の沈括、南宋の洪邁、明・陶宗儀『輟耕録』引く欠名撰『瑞桂堂暇録』、「日家の一書」が記録を残しているので、それによって納音なるものを見てみよう。

イ　北宋・沈括の六十甲子納音

北宋・沈括の『夢渓筆談』巻5楽律1に[2]、

　　　六十[1]甲子[2]の納音有ること、世人其の理を知ること鮮なし。六十甲子の納音は、蓋し六十律の旋りて宮を相為す也。一律ごとに五音、十二律の六十音を納める也。凡そ気は東方に始まり、而して右行し、音は西方に起こり、而して左行す。陰陽相錯し、而して変化を生ず。気の東方に始まる所以の者は、四時は木に始まり、右行して火に伝え、火は土に伝え、土は金に伝え、金は水に伝う。所謂音は西方に始まる者とは、五音は金に始まりて、左旋して火に伝え、火は木に伝え、木は水に伝え、水は土に伝う。【納音は、易の納甲[3]と法を同じくす。乾は甲を納め、而して坤は癸を納む。乾に始まり、而して坤に終わる。納音は金に始まる。金は乾也。土に終わる。土は坤也】。納音の法は、同類妻を娶り、八を隔てて子を生む。【此、漢志の語也】。此、律呂相生の法也。五行は、先に仲し、而して後に孟し、孟し而して後に季す。此、遁甲三元[4]の紀也。甲子金の仲。【黄鐘の商】。同位の娶は乙丑。【大呂の商。位を同じくすとは、甲と乙と、丙と丁との類を謂う。下は皆此に倣う】。八を隔てて壬申を下生す。金の孟。【夷則の商。八を隔つとは、大呂の夷則を下生するを謂う也。下は皆此に倣う】。壬申は、同位の娶は癸酉。【南呂の商】。八を隔てて庚辰を上生す。金の季。【姑洗の商。此、金の三元の終わり。若し只、陽辰を以て之を言えば、則ち遁甲に依り、仲・孟・季を逆転す。若し妻を兼ねて言えば、則ち孟・仲・季を順伝する也】。

---

(2) 梅原郁訳注『夢渓筆談』1（平凡社、1978年）巻5楽律1、133~134頁、参照。

後編　陰陽占い

　　庚辰は、同位の娶は辛巳。【仲呂の商】。八を隔てて戊子を下生す。火
　　の仲。【黄鐘の徴。金の三元の終わりなれば、則ち左行し、南方の火に
　　伝える也】。戊子の娶は己丑。【大呂の徴】。丙申を生む。火の孟。【夷則
　　の徴】。丙申の娶は丁酉。【南呂の徴】。甲辰を生む。火の季。【姑洗の徴】。
　　甲辰の娶は乙巳。【仲呂の徴】。壬子を生む。木の仲。【黄鐘の角。火の
　　三元の終わりなれば、則ち左行して東方の木に伝う】。是の如く左行し、
　　丁巳・仲呂の宮に至りて、五音一つ終えて復甲午よりす。[甲午は]金の仲、
　　娶は乙未、八を隔てて壬寅を生む。一つに甲子の法の如くして癸亥に終
　　わる。【蕤賓の娶は林鐘、太簇を上生するの類を謂う】。

　　子より巳に至るは陽為り。故に黄鐘より仲呂に至るは、皆下生す。午
　　より亥に至るは陰為り。故に林鐘より応鐘に至るは、皆上生す。【甲子・
　　乙丑の金と、甲午・乙未の金は、同じと雖も、然れども甲子・乙丑は
　　陽律為り。陽律は皆下生す。甲午・乙未は陽呂為り。陽呂は皆上生す。
　　六十律は相反す。分けて一紀と為す所以也】。

とある。

[解説]

〔1〕十干と十二支の組み合わせは120であるが、周知のように、日本では十干を兄弟に分け、木火土金水（五行始生）に配し、きのえ・きのと、ひのえ・ひのと、つちのえ・つちのと、かのえ・かのと、みずのえ・みずのと、としている。中国では、下文にみるように、夫婦とし、同類（同位）の妻を娶り、子を生むとしている。五行は、四時（春分に始まる至分・四立）は、五行始生の順、五音（宮商角徴羽）は、金に始まるが、易の納甲、兵法の遁甲の法に従い、より複雑になっている。十干と十二支の組み合わせが総当たりでなく、十干を夫婦あるいは兄弟に分け、六十としているのは、五行を組み合わせるためと、人間の寿命からみて、六十還暦が丁度よいからであろう。

〔2〕甲子とは、甲乙丙丁戊己庚辛壬癸の十干と子丑寅卯辰巳午未申酉戌亥の十二支である。赤塚忠氏は、甲骨文字の検討により、十干は、畑に蒔いた作物、特に大麦の類が、芽を出してから収穫されるまで、十二支は、はじめに精霊が頭髪に憑りつく形をした文字巳があり、それが母体に結び合ったことを示す丑から始まり、胎児が成長成熟して、ついに嬰児としてその名を得

第二章　周易に関連した俗信

るまでの経過にとって組織されていると考えられる、とのべている[3]。

　十干はそのとおりだと思う。十二支について、私は、白川静氏の『字統』などを参照して、丑で男子が腹にやどり、卯で母体から分かれ、辰は足を出して動いている状態となり、つぎの巳が子の字で、嬰児が這いずっている形、つぎが午で、午は邪悪をはらう呪器、未は枝葉の先が伸びていく状態、申は伸びる、そして酉で成人式を迎えて酒をのみ、戌で武器を執って戦いにむかい、亥すなわち骸で死ぬまでの男子の一生を描いたもの、と想像するのだが。いずれにせよ、覚え易いように動物の名をつけたものである。

　十干称謂の起源については、落合淳思氏の研究があるが[4]、それが10なのは、右手の指5本を一伍（ひとくみ）とし、それに左手の指5本を輔佐（たすけた）し合計を一什とした、古代中国人の数観念による。商（殷）人は、10日ごとに祖霊を祀り、次の10日間の安否をたずねた。貞旬といい、どの王の時代にも、年に歳に行われていた。十二支は、月暦の一年（と約11日）、これも十ヶ月を基礎とし、11月は、「十月又一」、12月は、「十月又二」と表記した[5]。

　ともあれ、すでにして納甲が60干支と64卦を合体させるための排列であるとすると、納甲を用いた納音は、易と不可分なものであるといえる。

　〔3〕納甲とは、漢易で十干を八卦に分納したもの。即ち乾は甲壬、坤は乙癸、震は庚、巽は辛、兌は戊、離は己、艮は丙、坎は丁に納れる。その法はもと京房に始まるという。即ち、月の晦朔弦望を以て卦体に象り、その出没の方位を以てこれを納れる。三月には西方庚位に出て、その象、盂（はち）の仰向けの形に似るから、庚を震に納れ、八月には南方丁位に出て、その象、兌の上の欠けたのに似るから、丁を兌に納れる類。離は日月の本位であるから戊己に配し、居中は用いない。

　〔4〕遁甲は、奇門遁行ともいう。術数の一種。陰陽の変化に乗じて人目をくらまし、身体をかくし、吉を取り凶を避ける術。明・程道生撰『遁甲演

---

(3) 『赤塚忠著作集』第7巻甲骨・金文研究（研文社、1989年）四「甲骨文字干支」。
(4) 落合淳思『殷代史研究』（朋友書店、2012年）第二部第八章第四節「十干称謂の起源」。
(5) 平勢隆郎『よみがえる文字と呪術の帝国』（中央公論新社、2001年）45頁。

後編　陰陽占い

第15図　月体納音図

八卦 干支 爻位	乾 ☰	坤 ☷	震 ☳	巽 ☴	坎 ☵	離 ☲	艮 ☶	兌 ☱
上爻	壬戌	癸酉	庚戌⑪	辛卯④	戊子	己巳	丙寅	丁未
五爻	壬申	癸亥	庚申↑⑨	辛巳↑⑥	戊戌	己未	丙子	丁酉
四爻	壬午	癸丑	庚午↑⑦	辛未↑⑧	戊申	己酉	丙戌	丁亥
三爻	甲辰	乙卯	庚辰↑⑤	辛酉↑⑩	戊午	己亥	丙申	丁丑
二爻	甲寅	乙巳	庚寅↑③	辛亥↑⑫	戊辰	己丑	丙午	丁卯
初爻	甲子→	乙未	庚子①	辛丑②	戊寅	己卯	丙辰	丁巳

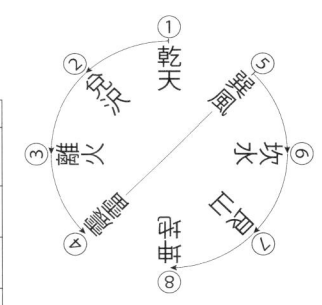

八卦：先天八卦
天地・雷風・水火・山沢の順
十干
甲乙・甲乙・甲乙
壬癸・壬癸・壬癸 ｝乾坤に配す
庚＝震、辛＝巽、戊＝坎
己＝離、丙＝艮、丁＝兌

※初爻は四爻へ、二爻は五爻へ、三爻は上爻へつながる。
※十二支：甲子は隔八で乙未、初爻の子から右へ巳。
※子から上へ①〜⑪増、丑から上へ⑫〜④減。寅・卯・辰・巳も同じ増減

第16図　京房の八卦納甲図の作り方

義』2巻あり。奇門遁行の「奇」は、十干のうち乙・丙・丁を三奇とし、「門」は方位学の休・生・傷・杜・景・死・驚・開を八門と称したところに由来する。この三奇と八門を日時にあてはめて吉凶の方角を占い、活路を見出す、兵法の奥義である。これには、木遁・火遁・土遁・金遁・水遁・人遁・禽遁・獣遁・虫遁・魚遁・霧遁・雲遁・風遁があるという。

ここにいう三元は、11月の中の卯の日の冬至を起点（中）に、右回りして月末の（季）、10月の季から11月の（孟）にいたる順の類。『遁甲演義』によれば、遁甲にも上元・中元・下元の三元があった。

　六十の甲子には納音があるが、世人はその理をほとんど知らない。六十の甲子の納音は、60の音が順次に音階をつくっていく方法である。1律ごとに5音階、12律で60音を納める。凡そ気は東方に始まって右回りし、音は西方に起こって左回りする。陰陽が交錯して変化を生ずる。気が東方に始まるというのは、四季は木に始まり、右回りして火に伝え、火は土に伝え、土は金に伝え、金は水に伝えることである。音が西方に始まるというのは、五音は金に始まり、左回りして火に伝え、火は木に伝え、木は水に伝え、水は土に伝えることである。［納音は納甲と同じ方法である。乾は甲を納め、坤は癸を納める。乾に始まり坤に終わる。納音は金に始まり、金は乾である。土に終わる土は坤である］。

　納音の法は、同類の妻を娶り、八を隔てて子を生む［『漢書』芸文志の語である］。これは律呂相生の法である。五行は、（三元の法の如く）仲［中］を先にし、次いで孟し、後に季す。これは遁甲の三元の紀である。甲子は金の中［黄鐘の商］で、同位の乙丑を妻とする［大呂の商。同位とは甲と乙、丙と丁といった類で、以下同じ］。八つ隔てて壬申を下生す。これが金の孟となる［夷則の商。八つ隔つとは、大呂が夷則を下生することである。以下同じ］。壬申は、同位の癸酉を妻とする［南呂の商］。八つ隔てて庚辰を上生す。これが金の季である［姑洗の商。これで金の三元が終わる。もし陽の辰だけでいえば、遁甲の法により、中・孟・季を逆転する。もし妻を兼ねていえば、孟・中・季を順伝する］。

　庚辰は、同位の娶は辛巳［仲呂の商］。八つ隔てて戊子を下生す。火の中［黄鐘の徴。金の三元の終わりだから、左行し、南方の火に伝える］。戊子の娶は己丑［大呂の徴］。丙申を生む。火の孟［夷則の徴］。丙申の娶は丁酉［南呂の徴］。甲辰を生む。火の季［姑洗の徴］。甲辰の娶は乙巳［仲呂の徴］。壬子を生む。木の中［黄鐘の角。火の三元の終わりだから、左回りして東方の木に伝う］。このように左回りし丁巳の仲呂の宮に至り、五音一つを終え

後編　陰陽占い

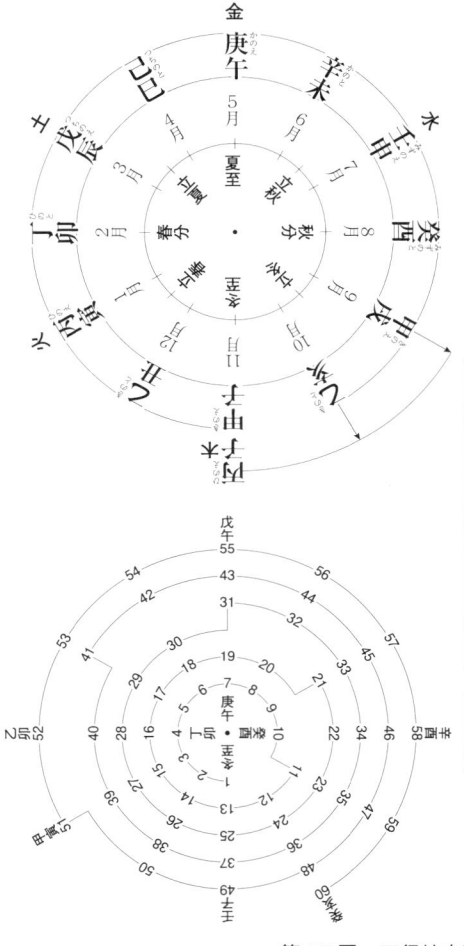

① 冬至が11月に入る夏暦が基礎
② 12ヶ月＝十二支
　子丑寅卯辰巳午未申酉戌亥
　冬至＝子　夏至＝午
③ 十二支に十二律（呂）を割り当てる
　子＝黄鐘　丑＝大呂　寅＝太簇
　卯＝夾鐘　辰＝姑洗　巳＝仲呂
　午＝蕤賓　未＝林鐘　申＝夷則
　酉＝南呂　戌＝无射　亥＝応鐘

56	51	46	41	36	31	26	21	16	11	6	1
己未	甲寅	己酉	甲辰	己亥	甲午	己丑	甲申	己卯	甲戌	己巳	甲子
57	52	47	42	37	32	27	22	17	12	7	2
庚申	乙卯	庚戌	乙巳	庚子	乙未	庚寅	乙酉	庚辰	乙亥	庚午	乙丑
58	53	48	43	38	33	28	23	18	13	8	3
辛酉	丙辰	辛亥	丙午	辛丑	丙申	辛卯	丙戌	辛巳	丙子	辛未	丙寅
59	54	49	44	39	34	29	24	19	14	9	4
壬戌	丁巳	壬子	丁未	壬寅	丁酉	壬辰	丁亥	壬午	丁丑	壬申	丁卯
60	55	50	45	40	35	30	25	20	15	10	5
癸亥	戊午	癸丑	戊申	癸卯	戊戌	癸巳	戊子	癸未	戊寅	癸酉	戊辰

① 十干と十二支は総当りではない
② 還暦は60
③ 甲子は乙丑を同位の妻とする（結婚）
　隔八で壬申を下生する（出生）
③ 日本では甲乙を「兄弟（えてい）」とする

第17図　五行納音図の作り方

てまた甲午よりする。金の中、乙未を娶り、八つ隔てて壬寅を生むこと一つに甲子の法の如くして癸亥に終わる［蕤賓が林鐘を娶り太簇を上生するの類をいう］。

　子より巳までは陽である。だから、黄鐘より仲呂までは皆下生する。午より亥までは陰である。だから、林鐘より応鐘までは皆上生する［甲子・乙丑の金と甲午・乙未の金は同じ金であるが、甲子・乙丑は陽律であり、陽律は

114

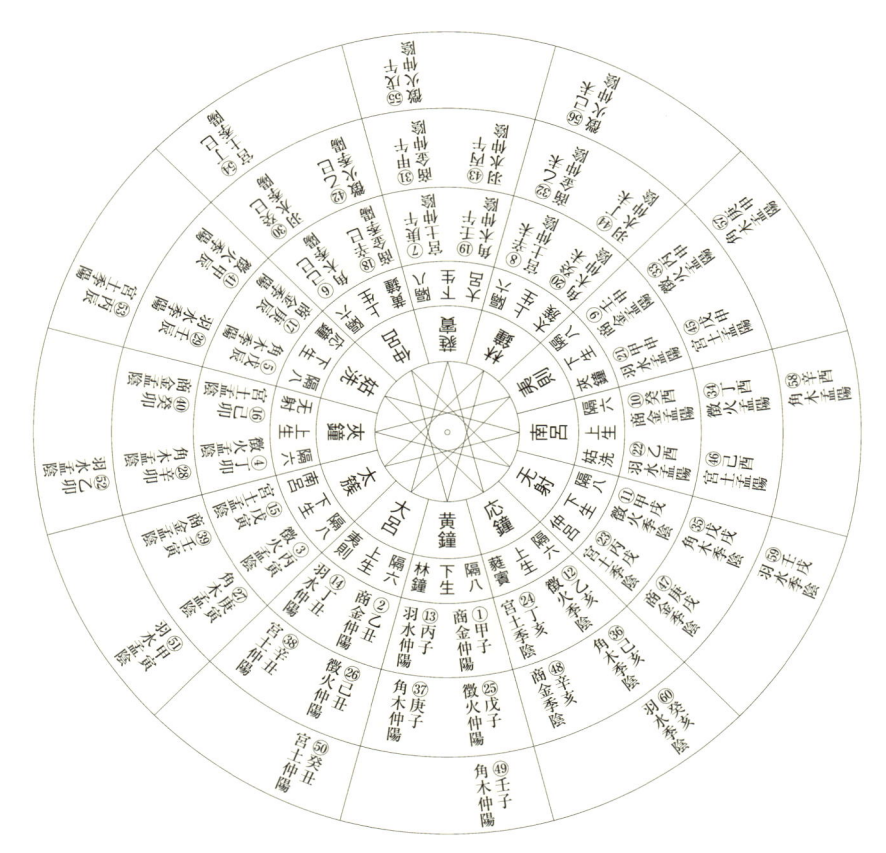

第18図　五行納音

皆下生する。甲午・乙未は陰呂であり、陰呂は皆上生する。六十律は陰陽相反し、それ故一紀ずつ分けるのである]。

これを図示すると第17・18図の如くである。

ロ　南宋・洪邁の五行納音

洪邁（1128~1202年）『容齋四筆』巻10に、

　　六十甲子納音の説は、術家の多くは暁らかにする能わず。其の名を得る所以を原ぬるに、皆、五音の生ずる所に従う。条有りて紊れず。端なること珠を貫ぬるがごとし。蓋し、甲子首と為る。而して五音は宮に始

まる。宮の土は金を生ず。故に甲子は金と為る。而して乙丑は陰を以て
　　　陽に従う。商の金は水を生ず。故に丙子は水と為る。而して乙丑は之に
　　　従う。角の木は火を生ず。故に戊子は火と為る。徴の火は土を生ず。故
　　　に庚子は土と為る。羽の水は木を生ず。故に壬子は木と為る。而して己
　　　丑・辛丑・癸丑は、各々之に従う。
　　　　甲寅に至らば、則ち納音は商に起く。商の金は水を生ず。故に甲寅は
　　　水と為る。角の木は火を生ず。故に丙寅は火と為る。徴の火は土を生ず。
　　　故に戊寅は土と為る。羽の水は木を生ず。故に庚寅は木と為る。宮の土
　　　は金を生ず。故に壬寅は金と為る。而して五卯は、各々之に従う。
　　　　甲辰に至らば、則ち納音は角に起く。角の木は火を生ず。故に甲辰は
　　　火と為る。徴の火は土を生ず。故に丙辰は土と為る。羽の水は木を生ず。
　　　故に戊辰は木と為る。宮の土は金を生ず。故に庚辰は金と為る。商の金
　　　は水を生ず。故に壬辰は水と為る。而して五巳は、各々之に従う。
　　　　宮商角は既に然り。惟徴羽は首に居するを得ず。是に於いて甲午は復甲子の如く、甲申は甲寅の如く、甲戌は甲辰の如く、而して五未・五酉・
　　　五亥も亦各々其の類に従う。
とある。
　洪邁の納音説の五行は、土が中央で河図の上下左右を逆転したものである。
訳すと次の如くである。

　　　　六十甲子納音の説は、術者の多くは暁らかにすることができない。納
　　　音と名づけた理由をたずねると、皆、［宮商角徴羽の］五音の生ずると
　　　ころに従っている。条理があり、端正なること珠を貫いている如くであ
　　　る。けだし、［六十干支は東の］甲子が首となる。しかして五音は［中
　　　央の土の］宮に始まる。宮の土は［西に］金を生ず。ゆえに甲子は金と
　　　なる。［金に変じれば甲子に音を生ず。音は商］。しかして乙丑は陰だか
　　　ら［甲子の］陽に従う。商の金は［北に］水を生ず。ゆえに［甲子の次
　　　の］丙子は水となる。［水に変じれば、音を生ず。音は羽］。しかして乙
　　　丑はこれ［丙子］に従う。［東の］角の木は［南に］火を生ず。ゆえに［丙
　　　子の次の］戊子は火と為る。［火に変じれば、音を生ず。音は徴］。徴の
　　　火は［中央に］土を生ず。ゆえに［戊子の次の］庚子は土と為る。［土

第二章　周易に関連した俗信

に変じれば、音を生ず。音は宮］。［北の］羽の水は［東に］木を生ず。ゆえに［庚子の次の］壬子は木と為る。［木に変じれば、音を生ず。音は角］。しかして己丑・辛丑・癸丑は、おのおのこれ［戊子・庚子・壬子］に従う。

　甲寅に至れば、納音は商に起きる。商の金は［北に］水を生ず。ゆえに甲寅は水。［水に変じれば、音を生ず。音は羽］。角の木は［南に］火を生ず。ゆえに［甲寅の次の］丙寅は火と為る。［火となれば、音を生ず。音は徵］。徵の火は［中央に］土を生ず。ゆえに［丙寅の次の］戊寅は土と為る。［土となれば、音を生ず。音は宮］。羽の水は［東に］木を生ず。ゆえに［戊寅の次の］庚寅は木と為る。［木に変じれば、音を生ず。音は角］。宮の土は［西に］金を生ず。ゆえに［庚寅の次の］壬寅は金と為る。［金に変じれば、音を生ず。音は商］。しかして［乙卯・丁卯・己卯・辛卯・癸卯の］五卯は、おのおのこれ［甲寅・丙寅・戊寅・庚寅］に従う。

　甲辰にいたらば納音は角に起きる。角の木は［南に］火を生ず。ゆえに甲辰は火と為る。［火に変じれば、音を生ず。音は徵］。徵の火は［中央に］土を生ず。ゆえに［甲辰の次の］丙辰は土と為る。［土に変じれば、音を生ず。音は宮］。羽の水は［東に］木を生ず。ゆえに［丙辰の次の］戊辰は木と為る。［木に変じれば、音を生ず。音は角］。宮の土は、［西に］金を生ず。ゆえに［戊辰の次の］庚辰は金と為る。［金となれば、音を生ず。音は商］。商の金は［北に］水を生ず。ゆえに［庚辰の次の］壬辰は水となる。［水となれば、音を生ず。音は羽］。しかして［乙巳・丁巳・己巳・辛巳・癸巳の］五巳は、おのおのこれ［甲辰・丙辰・戊辰・庚辰・壬辰］に従う。

　宮商角はすでにしかり。ただ徵羽は首に居すことができない。そこで、甲午はまた甲子のように［商とし］、甲申は甲寅のように［羽とし］、甲戌は甲辰のように［徵とし］、しかして五未・五酉・五亥もまたおのおのその類に従う。

以上を図示すれば、第19図の如くである。

117

後編　陰陽占い

[第19図：洪邁の納音説を示す円環図]

水羽
壬癸
壬子（癸丑）木角
壬寅（癸卯）金商
壬辰（癸巳）水羽
壬午 角商
壬申
壬戌（癸亥）水羽
止

天干干支
木角
甲乙
甲子（乙丑）金商
甲寅（乙卯）水羽
甲辰（乙巳）火徴
甲午 商羽徴
甲申
甲戌

金商
庚辛
庚子（辛丑）土宮
庚寅（辛卯）木角
庚辰（辛巳）金商
庚午 宮角商
庚申
庚戌

土宮 音
戊己
戊子（己丑）火徴
戊寅（己卯）土宮
戊辰（己巳）木角
戊午 徴宮角
戊申
戊戌

火徴
丙丁
丙子（丁丑）水羽
丙寅（丁卯）火徴
丙辰（丁巳）土宮
丙午 羽徴宮
丙申
丙戌

※五音は、五行十干の「えと」の関係が主で生ずる。
※十二支は五行十干に従う。
※五音は土宮に始まるとあるから、土は中央に考えている。

第19図　洪邁の納音説

ハ　明・陶宗儀『輟耕録』引く欠名撰『瑞桂堂暇録』の六十甲子納音

陶宗儀は、巻20納音で、

　　瑞桂堂暇録を読むに及びて、亦論の此に及べば、則ち尤も明白簡易なり。其の曰う、六十甲子の納音は、此、金木・水火・土の音を以て、而して之を明らかにする也。一六は水為り、二七は火為り、三八は木為り、四九は金為り、五十は土為り。然るに五行の中、惟金木は自然の音有るも、水火土は、必ず相仮りて而して後に音を成す。蓋し水は土に仮り、火は水を仮り、土は火を仮る。故に金音は四九、木音は三八なるも、水音は五十、火音は一六、土音は二七。此、不易の論也。何を以てか之を言え

ば、甲己・子午は九也。乙庚・丑未は八也。丙辛・寅申は七也。丁壬・卯酉は六也。戊癸・辰戌は五也。己亥は四也。甲子・乙丑は、其の数三十有四、四は金の音也。故に金と曰う。戊辰・己巳は、其の数二十有八、八は木の音也。故に木と曰う。庚午・辛未は、其の数三十有二。二は火の音也。土は火を以て音を為す。故に土と曰う。甲申・乙酉は、其の数三十有一。一は水也。火は水を以て音を為す。故に火と曰う。凡そ六十甲子、皆然り。此、納音の起こる所也。大抵六十甲子は暦也。納音は律也。支干は納音の別也。此、天地自然の数。河図は生数也。生は皆左旋す。故に中央の土を以て而して西方の金を生ず。西方の金にして而して北方の水を生ず。北方の水にして而して東方の木を生ず。東方の木にして而して南方の火を生ず。南方の火にして而して復中央の土を生ず。洛書は尅数也。尅する者は右転す。故に中央の土を以て而して北と西北の水を尅す。北と西北の水にして而して西と西南の火を尅す。西と西南の火にして而して南と東南の金を尅す。南と東南の金にして而して東と東北の木を尅す。東と東北の木にして而

河図の生数
天1にして水が生じ、地6にして水が成り、地2にして火が生じ、天7にして火が成り、天3にして木が生じ、地8にして木が成り、地4にして金は生じ、天9にして金が成り、天5にして土が生じ、地10にして土が成る、という五行始生説である。

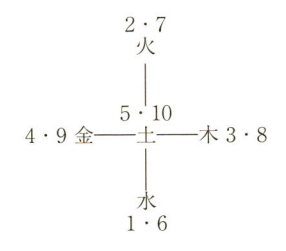

```
        2・7
         火
         |
        5・10
4・9 金 ── 土 ── 木 3・8
         |
         水
        1・6
```

洛書の尅数
3次方陣の作り方

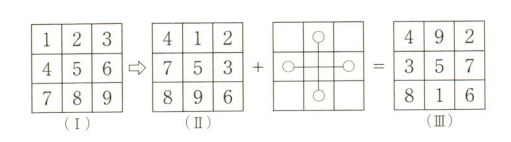

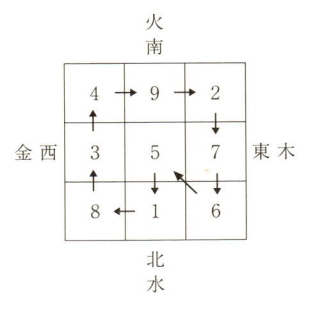

1	2	3
4	5	6
7	8	9
(Ⅰ)

⇒

4	1	2
7	5	3
8	9	6
(Ⅱ)

+

○		
		○

=

4	9	2
3	5	7
8	1	6
(Ⅲ)

```
        火
        南
    ┌───┬───┬───┐
    │ 4 →│ 9 →│ 2 │
    ├───┼───┼───┤
金 西│ 3 │ 5 │ 7 │東 木
    ├───┼───┼───┤
    │ 8 ←│ 1 │ 6 │
    └───┴───┴───┘
        北
        水
```

第20図　河図・洛書の生尅

して又中央の土を尅す。此、図書の生尅、自然の数也。
と言っている。

河図・洛書の生尅については、第20図を見られたい。訳すと次の如くである。

　瑞桂堂暇録の六十甲癸納音をよんでみると、もっとも簡明である。曰う、六十甲子の納音は、金木・水火・土の音をもってこれを明らかにすることである、と。一六は水であり、二七は火であり、三八は木であり、四九は金であり、五十は土である。しかるに、五行中、ただ金木には自然の音があるが、水火土は、必ず他の五行を仮りて音を成す。けだし、水は土に仮り、火は水に仮り、土は火に仮りる。だから、金音は四・九、木音は三・八であるが、水音は［一・六ではなく］五・十、火音は［二・七ではなく］一・六、土音は［五・十ではなく］二・七である。これは、不易の論である。

　どうしてそうなのかと言えば、甲己・子午は九である。乙庚・丑未は八である。丙辛・寅申は七である。丁壬・卯酉は六である。戊癸・辰戌は五である。己亥は四である。甲子・乙丑は［癸巳までの間］（第18図五行納音図参照）その数は34であるが、四は金の（五行の天地生成数の金の生数のことで）音［ゆえに実質30音］である。ゆえに金という。戊辰・己巳は［己丑までの間］、その数は28であるが、八は木の［生数のことで］音［ゆえに実質20音］である。ゆえに木という。庚午・辛未は［癸亥までの間］、その数は32であるが、二は火の［生数のことで］音［ゆえに実質30音］である。土は火をもって音をなす。ゆえに土という。甲申・乙酉は［乙卯までの間］、その数は31であるが、一は水の［生数のことで］音［ゆえに実質30音］である。火は水をもって音をなす。ゆえに火という。凡そ六十甲子は、皆このようである。これが、納音の起こる所以である。

　たいてい六十甲子は暦である。納音は律である。支干は納音の別である。これは、天地自然の数である。河図は生数である。生は皆左回りする。ゆえに、中央の土をもって西方の金を生ず。西方の金をもって北方の水を生ず。北方の水をもって東方の木を生ず。東方の木をもって南方の火を生ず。南方の火をもってまた中央の土を生ず。洛書は尅数であ

る。剋するものは右回りする。ゆえに、中央の土が北と西北の水を剋す。北と西北の水が西と西南の火を剋す。西と西南の火が南と東南の金を剋す。南と東南の金が東と東北の木を剋す。東と東北の木がまた中央の土を剋す。これが河図・洛書の生剋であり、自然の数である。

二　『輟耕録』引く「日家の一書」の納音

また、陶宗儀いう。

又、日家の一書を見るに、専ら海中・炉中の類に解す。其の辞は、鑿と雖も（穿鑿のようだが）、亦自ら頗る通ず。因りて併せ之を録す。曰う、甲子・乙丑は海中の金とは、子は水に属し、又湖と為り、又水旺の（水の盛んな）地と為る。兼ねて金は（右回りして水の）子に死し、丑を墓にす。水旺んにして金死墓す。故に海中金と曰う也。丙寅・丁卯は炉中火とは、寅は三陽為り、卯は四陽為り。火既に地を得て、又寅・卯の木を得、以て之を生ず。此の時天地開炉し、万物始めて生ず。故に炉中火と曰う也。戊辰・己巳は大林木とは、辰は原野為り、巳は六陽為り。木、六陽に至らば、則ち枝栄え葉茂る。茂盛の木を以て而して原野の間に在り。故に大林木と曰う也。庚午・辛未は路傍の土とは、未は中の木、而して午位の旺火に生ず。火旺んなれば則ち土は斯に於いて刑を受く。土の始めは未に生ず。能く物を育てること猶路傍の土の如く若る也。故に路傍の土と曰う也。壬申・癸酉は剣鋒金とは、申酉は金の正位、兼ねて宮に臨めば、申は帝旺。酉金既に旺んに生ずれば、則ち剛を成す。剛なるは則ち剣鋒に踰ゆるものは無し。故に剣鋒金と曰う也。甲戌・乙亥は山頭火とは、戌亥は天門為り。火は天門を照らし、其の光は至りて高し。故に山頭火と曰う也。丙子・丁丑は潤下水とは、水は子に旺んにして丑に衰う。旺んにして而して反りて衰えば、則ち江河を為すこと能わず。故に潤下水と曰う也。戊寅・己卯は城頭土とは、天干の戊己は土に属し、寅は艮為り。山上積みて而して山と為る。故に城頭土と曰う也。庚辰・辛巳は白鑞金とは、金は辰に養いて巳に生ず。形質初成は未だ堅利なる能わず。故に白鑞金と曰う也。壬午・癸未は楊柳木とは、木は午に死し、未に墓す。木既に死墓し、天干の壬癸の水を得て以て之に生きると雖も、終に

是柔弱なり。故に楊柳木と曰う也。甲申・乙酉は井泉水とは、金、宮に臨めば、申は帝旺。酉金既に旺んに生ずれば、則ち水由りて以て生ず。然るに生の際に方りて、力量未だ洪ならず。故に井泉水と曰う也。丙戌・丁亥は屋上の土とは、丙丁は火に属す。戌亥は天門為り。火既に炎上すれば、則ち土は下に在りて生まるるに非ず。故に屋上の土と曰う也。戊子・己丑は霹靂火とは、丑は土に属し、子は水に属す。水は正位に居し、而して納音は乃ち火なり。水中の火は、竜神に非ざれば則ち無し。故に霹靂火と曰う也。庚寅・辛卯は松柏木とは、木は宮に臨めば、寅は帝旺。卯木既に旺を生ずれば、則ち柔弱の比に非ず。故に松柏木と曰う也。壬辰・癸巳は長流水とは、辰は水庫と為り、巳は金の長生の地と為る。金生ずれば則ち水性巳に存す。庫水を以て而して生金に逢えば、則ち泉源終に竭せず。故に長流水と曰う也。甲午・乙未は沙中金とは、午は火旺の地為り。火旺んなれば則ち金敗す。未は火衰の地為り。火衰うれば則ち金の冠帯敗れて、而して方に冠帯未だ砭伐する能わず。故に沙中金と曰う也。丙申・丁酉は山下火とは、申は地戸為り、酉は日入の門為り。日、此の時に至りて而して光を蔵す。故に山下火と曰う也。戊戌・己亥は平地木とは、戌は原野為り、亥は木生の地為り。夫れ水の原野に生ずれば、則ち一根一株の比に非ず。故に平地木と曰う也。庚子・辛丑は壁上土とは、丑は土家の正位と雖も、而して子なれば則ち水旺の地なり。土、水の多きを見れば則ち泥と為る也。故に壁上土と曰う也。壬寅・癸卯は金箔金とは、寅卯は木旺の地為り。木旺なれば則ち金羸(やせ)る。又金は寅に絶ちて卯に胎(はら)む。金既に力無し。故に金箔金と曰う也。甲辰・乙巳は覆燈火とは、辰は食時為り、巳は禺中為り。日の将に中たらんとす。䑷陽の勢、天下に光す。故に覆燈火と曰う也。丙午・丁未は天河水とは、丙丁は火に属す。午は火旺の地為り。而して納音は乃ち水。水、火より出で、銀漢に非ざれば有る能わざる也。故に天河水と曰う也。戊申・己酉は大駅土とは、申は坤為り、坤は地為り。酉は兌為り。兌は沢為り。戊己の土、坤沢の上を加う。其の地、浮薄の土に非ざる也。故に大駅土と曰う也。庚戌・辛亥は釵釧金とは、金は戌に至り而して衰う。亥に至り而して病む。金既に衰病すれば則ち誠に柔也。故に釵釧金と曰う也。壬子・癸丑は桑柘

木とは、子は水に属し、丑は金に属す。水、木を生ずるに方りて、金なれば則ち之を伐る。猶桑柘の方に生ずれば、人便として蚕を饒う。故に桑柘木と曰う也。甲寅・乙卯は大渓水とは、寅は東北の維為り。卯は正東為り。水、正東に流るれば則ち性順にして而して川澗池沼倶に合して帰す。故に大渓水と曰う也。丙辰・丁巳は沙中土とは、土庫の辰、巳に絶ち、而して天干の丙丁の火辰に至る。冠帯巳は宮に臨み、土既に庫絶す。旺火復与に之に生ず。故に沙中土と曰う也。戊午・己未は天上火とは、午は火旺の地為り。未は中の木、又復之に生ず。火性炎上し、逢うに及べば地に生ず。故に天上火と曰う也。庚申・辛酉は石榴木とは、申は七月為り。酉は八月為り。此の時木は則ち絶す。惟石榴木のみ反って結実す。故に石榴木と曰う也。壬戌・癸亥は大海水とは、水は冠帯、戌は宮に臨む。亥水宮に臨みて冠帯すれば則ち力厚し。兼ねて亥は江為り。他水の比に非ず。故に大海水と曰う也。

と言っている。意味不明のところ、誤記・誤写とおもわれるところがあるが、訳すと、

　　また、天文暦法家の一書を見ると、もっぱら海中 [の金] とか炉中 [の火] とか言った類である。その辞は、とどまるところのない調べたてのようであるが、またすこぶる通じるところがある。よって、併せてこれを録す。
　　甲子・乙丑は海中の金とは、子は水に属し、また湖となり、また水の旺んな地となる。かねて金は [右回りして水の] 子に死し、丑を墓にする。水が旺んにして金が死墓す。ゆえに海中金という。丙寅・丁卯は炉中火とは、寅は三番目の陽であり、卯は四番目の陽である。火がすでに地を得、また寅・卯の水を得てこれを生ず。この時天地開炉し、万物はじめて生ず。ゆえに炉中火という。戊辰・己巳は大林木とは、辰は原野であり、巳は六番目の陽である。木が六陽に至れば、枝が栄え葉が茂る。盛んに茂る木が原野の間にある。ゆえに大林木という。庚午・辛未は路傍の土とは、未は中の木、午位の旺火に生ず。火が旺んなれば土はここにおいて刑を受ける。土の始めは未に生ず。よく物を育てること路傍の土のごとくである。ゆえに路傍の土という。壬申・癸酉は剣鋒金とは、申

酉は金の正位であり、かねて宮に臨んでいるから、申は帝旺である。酉金がすでに旺んに生ずれば、剛をなす。剛なるものは剣鋒を越えるものはない。ゆえに剣鋒金という。

甲戌・乙亥は山頭火とは、戌亥（十二支の11番・12番）は天門である。火は天門を照らし、その光は至って高い。ゆえに山頭火という。丙子・丁丑は潤下水とは、水は子に旺んにして丑に衰う。旺んにして衰えば江河をなすことができない。ゆえに潤下水という。戊寅・己卯は城頭土という。天の十干である戊己は土に属し、寅は先天八卦の艮である。山上に（陰爻の上に陽爻を）積んで山となる。ゆえに城頭土という。庚辰・辛巳は白蠟金とは、金は辰に養いて巳に生ず。形質とも初成はまだ堅利になることができない。ゆえに白蠟金という。壬午・癸未は楊柳木とは、木は［右回りして木の］午に死し、未を墓にする。木すでに死墓し、天の十干である壬癸の水を得てこれに生きても、終に柔弱となる。ゆえに楊柳木という。

甲申・乙酉は井泉水とは、金が宮に臨めば、申は帝旺である。酉金がすでに旺んに生ずれば、水がよって生ず。しかるに生の際にあたり、力量はまだ洪水にならない。ゆえに井泉水という。丙戌・丁亥は屋上の土とは、丙丁は火に属す。戌亥は天門である。火がすでに炎上すれば、土は下にあって生まれるのではない。ゆえに屋上の土という。戊子・己丑は霹靂の火とは、丑は土に属し、子は水に属す。水は正位に居し、しかして納音は火である。水中の火は、竜神でなければ無い。ゆえに霹靂火という。庚寅・辛卯は松柏木とは、木が宮に臨めば、寅は帝旺である。卯木すでに旺んに生ずれば、柔弱の比ではない。ゆえに松柏木という。壬辰・癸巳は長流水とは、辰は水庫であり、巳は金の長生の地となる。金が生ずれば水性がすでに存す。庫水をもってして生金に逢えば、泉源は終に渇水しない。ゆえに長流水という。

甲午・乙未は沙中金とは、午は火旺の地である。火が旺んであれば金は敗す。未は火衰の地となる。火が衰えれば金の冠帯が敗れて、まさに冠帯は石の上で功績を誇ることができない。ゆえに沙中金という。丙申・丁酉は山下火とは、申は地戸である。酉は日が入る門である。日はこの

第二章　周易に関連した俗信

時に至って光りを蔵す。ゆえに山下火という。戊戌・己亥は平地木とは、戊は原野であり、亥は木生の地である。木が原野に生ずれば、一根一株の比ではない。ゆえに平地木という。庚子・辛丑は壁上土とは、丑は土家の正位であるが、子であるから水旺の地である。土が水の多いのを見れば泥となる。ゆえに壁上土という。壬寅・癸卯は金箔金とは、寅卯は木旺の地である。木旺であれば金が痩せる。また金は寅に絶ちて卯に孕む。金はすでに力なし。ゆえに金箔金という。

　甲辰・乙巳は覆燈火とは、辰は日蝕であり、巳は午前十時ころである。日がまさに中たらんとしている。艶陽の勢いが、天下に光る。ゆえに覆燈火（コロナのこと）という。丙午・丁未は天河水とは、丙丁は火に属す。午は火旺の地である。しかして納音は乃ち水。水が火より出るのは、天の川でなければ有りえないことである。ゆえに天河水という。戊申・己酉は大駅土とは、申は先天八卦の坤である。坤は地である。酉は兌である。兌は先天八卦の沢である。戊己の土が坤沢の上に加わる。その地は浮薄の土ではない。ゆえに大駅土という。庚戌・辛亥は釵釧金とは、金は戌に至りて衰え、亥に至りて病む。金すでに衰病すればまことに柔なり。ゆえに釵釧金という。壬子・癸丑は桑柘木とは、子は水に属し、丑は金に属す。水が木を生じるにあたり、金ならばこれを伐る。なお桑柘がまさに生じれば、人は便として蚕を飼う。ゆえに桑柘木という。

　甲寅・乙卯は大渓水とは、寅は東北の隅であり、卯は正東である。水が正東に流れれば、その性は順にして川潤（谷川）池沼ともに合して帰す。ゆえに大渓水という。丙辰・丁巳は沙中土とは、土庫の辰が巳に絶ち、天干である丙丁の火辰に至る。冠帯の巳が宮に臨み、土はすでに庫絶し、旺火がまたともにこれに生ず。ゆえに沙中土という。戊午・己未は天上火とは、午は火旺の地である。未は中の木、またこれに生ず。火性炎上し、逢うにおよぶと地に生ず。ゆえに天上火という。庚申・辛酉は石榴木とは、申は七（九の誤りか）月であり、酉は八（十の誤りか）月である。この時木は則ち絶し、ただ石榴木のみ結実する。ゆえに柘榴木という。壬戌・癸亥は大海水とは、水は冠帯し、戌は宮に臨む。亥水が宮に臨んで冠帯すれば力が厚い。兼ねて亥は江であり、他水の比ではな

125

後編　陰陽占い

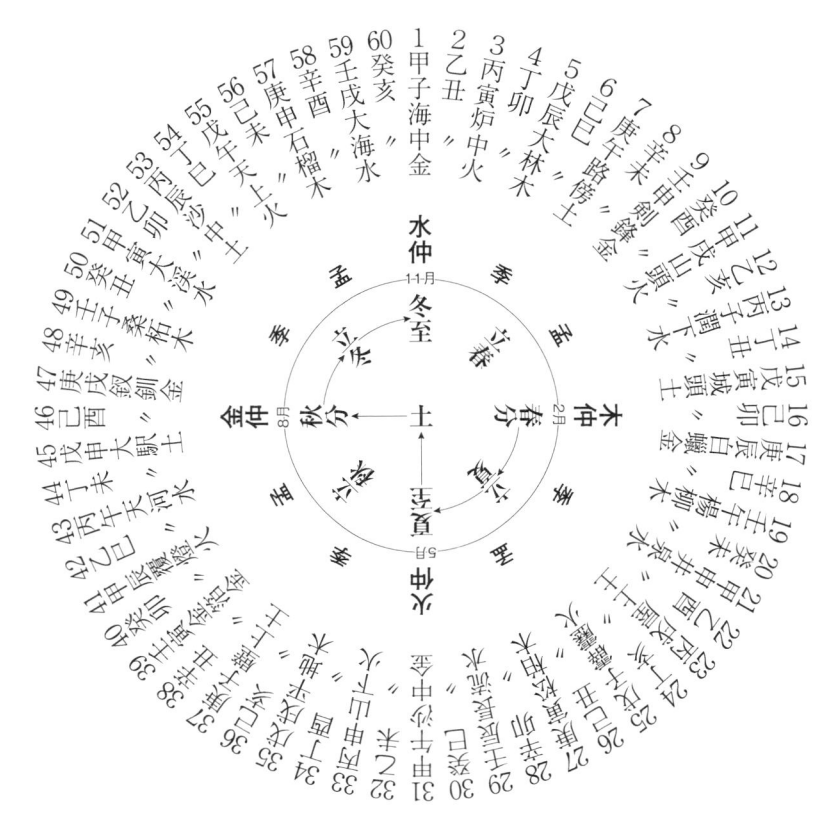

※立春正月は夏暦11月中の卯の日の冬至を甲子とする。
※従って夏至は5月5日、太陽の力のもっとも強い甲午となる。
※五行は相生（木火土金水）春雷の春分を起点とする。

第21図　「日家の一書」の納音

い。ゆえに大海水という。
と言うことであろう。これを図示すると第21図の如くである。

　結　び

（1）周礼春官大卜のいう「周易」の前にあった「帰蔵」易は筮法・卦爻辞とも不明。清・馬国翰らが輯録したそれは、「周易」とあまりにも違い、かつ『漢書』芸文志にないため魏晋時代の偽作とされていたが、1993年、湖北省江

第二章　周易に関連した俗信

陵県王家台15号秦墓出土の「易占」と仮称された竹簡群からそれと同文の易がみつかった。これによって、遅くとも秦代には魏晋の「帰蔵」と同じ易があったことが明らかとなった。漢志にないのは、川村潮氏のいわれるように、民間でつくられ流布された典籍で、宮中の蔵書になっていなかったためであろう。

　(2)「帰蔵」の作家は、『周易』の経伝（流布本と卦名が違うものもある）の文中、いささかでも関係のありそうな神話・伝説等々を捜し、それを経文としたものである。嫦娥が不死の薬をもって月の世界に行った話などが好んで用いられた。

　(3)納音とは、漢代易学の術語。十二支、十二ヶ月、十二方位、八風、卦爻を十二律に配納したもの。北宋の沈括、南宋の洪邁、明・陶宗儀『輟耕録』引く欠名撰『瑞桂堂暇録』、「日家の一書」が記録を残している。

　(4)沈括の『夢渓筆談』曰う、「納音は易の納甲と法を同じくする」と。納甲とは、漢易で十干を八卦に分納したもの。乾は甲壬、坤は乙癸、震は庚、巽は辛、兌は戊、離は己、艮は丙、坎は丁に納れる。また曰う、「遁甲三元の紀に従う」と。遁甲は、術数の一種。陰陽の変化に乗じて人目をくらまし、身体をかくし、吉を取り凶を避ける術。三元は、11月の中の卯の日の冬至を起点（中）に、右回りして月末の（季）、10月の季から11月の（孟）にいたる順の類。沈括のいう納音とは、六十甲子の納音、一律ごとに5音、十二律の60音を納める方法である。

　(5)洪邁の『容齋四筆』曰う、「六十干支は東の甲子がはじめとなり、五音は中央の土の宮にはじまる。宮の土は西に金を生ず」と。洪邁の納音説は、河図を借り、土宮を中央、木角を東（右）に、金商を西（左）に、水羽を上に、火徵を下とする。干支は、甲乙が木角と同じ右、丙丁が火徵と同じ下、戊己が土宮と同じ中央、庚辛が金商と同じ左、壬癸が水羽と同じ上に配する。十二支は五行十干にしたがう。五音は、五行十干との関係で生じる、というものである。

　(6)『瑞桂堂暇録』曰う、「六十甲子の納音は、金木・水火・土の音を以てこれを明らかにするなり。一六は水、二七は火、三八は木、四九は金、五十は土」と。この説も河図によっている。そして、中央の土から西方の金を生

じ、西方の金から北方の水が生じ、云々というのは、洛書の尅（かつ、ころす）数である、としている。

　(7)「日家の一書」のいう日家とは天文暦法家。一書曰う、「甲子・乙丑は海中の金とは、子は水に属し、又湖と為り、又水旺の地と為る。兼ねて金は子に死し、丑を墓にす。水旺んにして金死墓す。故に海中金と曰うなり」。ついで、丙寅・丁卯が炉中火、戊辰・己巳が大林木、云々とあるように、易と直接関係のないいわゆる星占い。60音は、十二支を隔八で回り、五行×3（中・孟・季各4）=15×4=60としたもの。したがって、納音といっても64卦中12音のみ。海中金以下30種の占言のどれに相当するかをもって吉凶禍福を占った。この占法はさまざまなかたちをとって流行し、我が国にもつたえられた。

　『瑞桂堂暇録』説郛46欠名撰は版本によって文字に異同があるが、陶宗儀の書写による。

補注　江戸時代の暦にはじまる納音占いの記載

　納音とは、万物は変動すれば必ず音声をあらわすという考えに発し、五行と干支も合して五音を生ずるから、五行の木火土金水（相生）が干支より生ずる五音を納めるということ。本来暦の言葉というより、生まれ年の干支によって人の一生の運を占う易占に用いられるもの。有掛に入る、という場合、その人の生まれた姓によるが、その姓は納音で決まる、という。

　江戸末の『暦林問答集』(6)を借りて記すと、

　　　五行は生数、壮数、老数各三種の数あり。それ納音は人の本命を論ず。
　　　故に末の老数を取りて以て之を説かん。土の老数一つ、火の老数三つ、
　　　水の老数五つ、金の老数七つ、木の老数九つ也(7)。

　　　楽緯に云う、納音は人の本命を云う、所属の音はすなわち宮、商、角、

---

(6)　内田正男『暦と時の事典』（雄山閣、1986年）「なっちん　納音」参照。
(7)　老数　角　　　徴　　宮　　　商　　　羽
　　　　　　木⑨　火③　土①　　金⑦　　水⑤　である。

第二章　周易に関連した俗信

徴、羽也。納はその音の調べを取りて属する所の姓を知る也。孔子曰く、丘（きゅう）、律を吹いて姓を定む。一言土を得て宮と曰う、三言火を得て徴と曰う、五言水を得て羽と曰う、七言金を得て商と曰う、九言木を得て角と曰う、今按ずるに、

① 　庚午、辛未、戊寅、己卯、丙戌、丁亥、
　　庚子、辛丑、戊申、己酉、丙辰、丁巳
　此の歳生まれの人は皆宮音を得、故に気を土に受けて生まるる人也。
　（洪邁説）

③ 　丙寅、丁卯、甲戌、乙亥、戊子、己丑、
　　丙申、丁酉、甲辰、乙巳、戊午、己未、
　此の歳生まれの人は皆徴音を得、故に気を火に受けて生まるる人也。

⑤ 　丙子、丁丑、甲申、乙酉、壬辰、癸巳、
　　丙午、丁未、甲寅、乙卯、壬戌、癸亥、
　此の歳生まれの人は皆羽音を得、故に気を水に受けて生まるる人也。

⑦ 　甲子、乙丑、壬申、癸酉、庚辰、辛巳、
　　甲午、乙未、壬寅、癸卯、庚戌、辛亥、
　此の歳生まれの人は皆商音を得、故に皆気を金に受けて生まるる人也。

⑨ 　戊辰、己巳、壬午、癸未、庚寅、辛卯、
　　戊戌、己亥、壬子、癸丑、庚申、辛酉、
　此の歳生まれの人は皆角音を得、故に気を木に受けて生まるる人也。

　之を人の姓と謂う。（原漢文）

の如くである。

　納音の木火土金水は、暦面の日付、干支・十二直の下に書かれ、上段の枠内に属している。宣明暦の時代は具注暦には書かれていたが、仮名暦では記載のないものもあった。貞享３年(1686)以後はすべて記載されるようになった。

　納音は時代が下るとともに形容詞がつけられ、金は金でも甲子・乙丑は海中金、丙寅・丁卯は炉中火であるというように三十種の区別のついた納音五行が生まれた。この形容詞は文献によって多少相違もあるようであるが、標準的と思われる名称を『頭書長暦』によって示すと、

　甲子（きのえね）、乙丑（きのとうし）は海中金（海中の金、金があってもとれない）、

129

後編　陰陽占い

丙寅（ひのえとら）、丁卯（ひのとう）は炉中火（炉の中の火、あたたかい火）、
戊辰（つちのえたつ）、己巳（つちのとみ）は大林木（おおきな林木）、
庚午（かのえうま）、辛未（かのとひつじ）は路傍土（みちばたの土）、
壬申（みずのえさる）、癸酉（みずのととり）は剣峰金（危険なところにある金）、
甲戌（きのえいぬ）、乙亥（きのとい）は山頭火（山上でもえてる勢いのいい火）、
丙子（ひのえね）、丁丑（ひのとうし）は潤下水（下をうるおす水）、
戊寅（つちのえとら）、己卯（つちのとう）は城頭土（城をまもる土）、
庚辰（かのえたつ）、辛巳（かのとみ）は白臘金（白い十二月の金、意味不詳）、
壬午（みずのえうま）、癸未（みずのとひつじ）は楊柳木、
甲申（きのえさる）、乙酉（きのととり）は泉中水、
丙戌（ひのえいぬ）、丁亥（ひのとい）は屋上土（屋根の上の土）、
戊子（つちのえね）、己丑（つちのとうし）は霹靂火（はげしい雷の火）、
庚寅（かのえとら）、辛卯（かのとう）は松柏木（長生きの名木）、
壬辰（みずのえたつ）、癸巳（みずのとみ）は長流水、
甲午（きのえうま）、乙未（きのとひつじ）は沙中金、
丙申（ひのえさる）、丁酉（ひのととり）は山下火（危険な火）、
戊戌（つちのえいぬ）、己亥（つちのとい）は平地木、
庚子（かのえね）、辛丑（かのとうし）は壁上土、
壬寅（みずのえとら）、癸卯（みずのとう）は金箔金、
甲辰（きのえたつ）、乙巳（きのとみ）は覆燈火（役に立たない灯り）、
丙午（ひのえうま）、丁未（ひのとひつじ）は天河水（あまのかわ）、
戊申（つちのえさる）、己酉（つちのととり）は大駅土、
庚戌（かのえいぬ）、辛亥（かのとい）は釵釧金（かんざしとうでわの金）、
壬子（みずのえね）、癸丑（みずのとうし）は桑柘木、
甲寅（きのえとら）、乙卯（きのとう）な大渓水、
丙辰（ひのえたつ）、丁巳（ひのとみ）は沙中土、
戊午（つちのえうま）、己未（つちのとひつじ）は天上火、
庚申（かのえさる）、辛酉（かのととり）は柘榴木（タネが多くめでたい木）、
壬戌（みずのえいぬ）、癸亥（みずのとい）は大海水、

の如くである。『輟耕録』引く「日家の一書」と同じである。

第二章　周易に関連した俗信

『頭書長暦』巻之上増補に図（第22図）があり、

> 此図を以て人の生姓を知るには、其の止まる年より、如何程なりとも逆に跡へ繰戻せば、即ち魂の数共に知るゝ也。考ベし。

とある。調べ方は佐藤政次編著『暦学史大全』（改訂増補、駿河台出版社、1977年）第四部「暦注の依り所の研究」の第一編第三章「納音について」参照。ただし、暦に納音占いが載るようになったことは、全く別問題である。多分、江戸幕府が神社を支配下におくため、神宮寺を置き、百姓支配を容易にするため、平民の下に賤民を設けた檀家制度をつくったとき、人心をコントロールするため、暦を利用したことによってであろう。暦は主として寺院が発行していた。現在でも、なぜか寺社発行の暦には、一白水星、二黒土星……という「九星」、その星生まれの人の毎月の運勢、あやぶ・なる・おさん・ひらく・とづ・たつ・のぞく・みつ・たいら・さだん・とる、と並べた「中段」、それに仏滅・大安・赤口・先勝・友引・先負を並べた「六輝」が載っている。暦の「納音」が普遍化した貞享3年（1686）は綱吉の時代、元禄元年の2年前、物好きな元禄の庶民に受け入れられ、定着したのであろう。

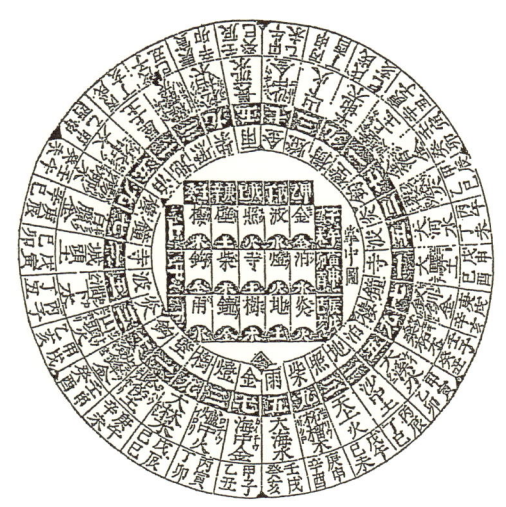

第22図　『頭書長暦』所載納音占い

Study on the *Zhouyi* 周易
—from fortunetelling by sound to fortunetelling by *yin-yang* 陰陽 sign

In chapter 5 of the *Shuogua zhuan* 説卦伝, a commentary on the *Zhouyi* 周易 explaining the meaning of the eight trigrams, it is stated: "The thearch comes forth in *zhen* 震,... he battles in *qian* 乾, he toils in *kan* 坎, and he brings them to perfection in *gen* 艮." According to the Basic Annals of the Five Emperors in the *Shiji* 史記, the only one of the five emperors to have engaged in battle was the Yellow Emperor (Huangdi 黄帝). Sima Qian 司馬遷 conducted fieldwork on the places where legends are said to have taken place, and so the thearch mentioned in the *Shuogua zhuan* is the Yellow Emperor.

The *Shuogua zhuan* then gives the sequence of the eight trigrams and their compass points: "The myriad things come forth in *zhen*. *Zhen* is in the east,... *gen* is the trigram of the northeast, where the end of the myriad things is completed and their beginning is completed. Therefore it is said: 'He brings them to perfection in *gen*.'" This represents the postcelestial sequence of the eight trigrams and their compass points, starting from *zhen*, which includes the vernal equinox and its spring thunder, and then moving clockwise through *sun* 巽 (start of summer), *li* 離 (summer solstice), *kun* 坤 (start of autumn), *dui* 兌 (autumn equinox), *qian* (start of winter), *kan* (winter solstice), and *gen* (start of spring). But this provides no meaning whatsoever for the sixty-four hexagrams, which are formed of pairs of the eight trigrams.

The *Zhouyi* is based on a form of divination in which fifty milfoil stalks are manipulated and the numerical results are interpreted. How, then, is one to regard the signs that combine three or six of these numbers? Among the five human senses (sight, hearing, smell, taste, and touch), the sense of hearing is able to distinguish the most subtle differences. Now, if the length of one octave is denoted by the number 9 and this is digitized by means of the Chinese method of tuning pitch pipes known as the method of one-third decrease and increase (*sanfen sunyi fa* 三分損益法), and if the lowest form of the tone *gong* 宮 is equated with *kun* and the highest form of *gong* with *qian* and the tones of the septatonic scale are assigned clockwise to the trigrams starting from *zhen* in the order *jue* 角, *bianzhi* 變徵, *zhi* 徵, *gong*, *shang* 商, *shanggong* 上宮, *yu* 羽, and *biangong* 變宮, this results in eight tones and, by combining the trigrams in pairs, in sixty-four tones. The numbers found in examples of number divination unearthed on the Zhou plain (Zhouyuan 周原) and dating from the late Yin and early Zhou are symbols of the musical scale.

This form of alveromancy, or divination based on sounds, was performed by blind bards. According to the section on the grand director of music (*dasiyue* 大司樂) in the *Zhouli* 周礼 ("Chunguan" 春官), "The grand director of music oversees the rules of harmony, administers the scholarship and governance on which the state is founded, and gathers together sons of the nobility. All those who are ethical and virtuous he has educated. When he dies he is treated as an ancestor of musicians and sacrifices to him are performed in the hall for the blind." There could have been none other than blind bards who responded and gave meaning to the numerical signs produced by counting milfoil stalks. Since milfoil divination was performed by combining trigrams in pairs, alveromancy was performed on the basis of the sounds of the harmonic overtones of the melodic chords that resulted from doubling the musical scale represented by the postcelestial sequence of the eight trigrams. The impression gained by the blind bard on hearing a sound of a particular pitch became the name of a hexagram, and the king foretold the future on the basis of the images (including expressions of various emotions) that the bard associated with the sounds of the musical scale.

The names of the hexagrams reflect the impressions gained by the blind bard from the sounds of the musical scale that derived from milfoil divination in response to different questions. Although they seem at first sight unconnected to each other, if the eight trigrams of the postcelestial sequence are combined into hexagrams, the names of those opposite each other on either side of the pure hexagrams are found to form pairs of closely related meanings. An interpretation of the eight tones mentioned in the *Baihu tong* 百虎通 starts from *kan*, corresponding to the winter solstice, but the compass points are those of the postcelestial sequence and, needless to say, they form pairs of hexagrams on either side of the pure hexagrams in which the upper and lower trigrams have been interchanged. Considered in this light, it is evident that in later times too melodic chords corresponding to pairs of the eight trigrams of the postcelestial sequence were played with eight musical instruments. Of course, this would not have been done for the purpose of alveromancy and would have been performed at religious services and so on.

In 771 B.C. the Zhou people migrated east, and as a result the king lost his authority and feudal lords, no longer believing his prognostications based on alveromancy, sought a form of divination in which they could believe. The divination that was devised was one based on symbols consisting of six lines in which odd numbers were represented by a solid line (—) and even numbers by a broken line (--).

How did this come about? The direct cause was a decline in regal authority. But according to K. Jaspers, some surprising events occurred in a concentrated manner around 500 B.C., from 800 B.C. through to 200 B.C.. In China Confucius and Laozi were born, in India the Buddha appeared, in Iran Zoroaster, in Palestine the prophets down to the Second Isaiah, and in Greece the philosophers down to Archimedes, and although they had no knowledge of each other, they questioned how people ought to live and how state and society should operate. Jaspers called this period an axial age. In the three worlds of the Orient, India, and China small states annexed other small states and turned into large powers, and in China in 221 B.C., at the end of the axial age, the Qin unified several other states to create the Chinese empire. On the question of the reason for this contemporaneity, Jaspers stated that the only methodologically tenable answer was A. Weber's hypothesis that the use of horses made exchange over long distances possible, but he added that this hypothesis lost its persuasiveness when one took into account the fact that the commencement of the axial age occurred with a precise degree of contemporaneity.

The first problem with Weber's hypothesis is that he ignored the differences between the methods for using horses with chariots and for riding them and associated both with horse-riding peoples. The second problem is that he was unaware of the difference between Hailar horses, which require concentrated feed (barley), and Mongol horses, which are able to survive on coarse feed (grass). Chariots have a long history, but horsemanship began among the Scythians, who appeared on the northern shores of the Black Sea towards the end of the eighth century B.C.. Saddles and leather stirrups were devised by the Scythians, and their warriors went into battle wearing bronze armour and armed with a short bow and a small shield, bearing a short sword, and carrying a quiver of arrows with trefoil arrowheads. Their culture spread eastwards, becoming Scytho-Siberian culture, and this was transmitted to the Xiongnu 匈奴, who, riding horses, bearing short, light-weight swords known as *jinglu dao* 径路刀, and carrying short bows, launched out onto the steppes extending across North Asia.

The Xiongnu first appear in the pages of history in the late fourth century B.C.. At the time, their base lay in the Ordos region, which was a centre of bronze-casting technology introduced by Aryans. In autumn the Xiongnu would appear on the Chinese border in order to obtain grain, etc., necessary for surviving the winter, and if barter proved unsuccessful, they would invade and plunder Chinese territory. During the Warring States period Chinese states built sections of the Great Wall to defend themselves against the Xiongnu, but through the Xiongnu the Chinese came to realize that events in a distant world were not irrelevant to themselves. The Chinese, who had lived in a closed society, broke free from its shackles, came in contact with a completely different society with which they traded and fought, and in the midst of unprecedented upheavals in the social process awakened to the self and raised questions about the nature of man and society, about how to live, and about how state and society ought to operate. This was all due to the impact of nomadic people.

The method of divination devised by the Chinese feudal lords in response to the eastward migration of the Zhou, the loss of regal authority, and a distrust of alveromancy was the eight trigrams, consisting of three lines either solid, corresponding to odd numbers, or broken, corresponding to even numbers, and the sixty-four hexagrams, formed of pairs of trigrams. The solid line represents the chest muscles of an adult male with his arms stretched out, while the broken line represents a woman's breasts, and they represent male and female respectively. That they were called *yang* 陽 and *yin* 陰 derives from associations with sunlight and shade.

If the hexagram names in the received text of the *Zhouyi* are interpreted in accordance with their oldest interpretations found in the *Tuanzhuan* 彖伝 and *Xiangzhuan* 象伝, both attributed to Confucius, they give expression to the following philosophy of life: human beings, born in between heaven and earth, are childlike and ignorant, but with the passage of time they fight or become friends with one another; if one accumulates a little wealth and follows the path to be trod by humans, one will become affluent, but if one does not do so, everything will go wrong, etc., etc.. Among the sixty-four hexagrams, each composed of *yin* and *yang* lines, *qian* ☰ represents heaven, *kun* ☷ represents earth, and in the case of *zhun* 屯 ䷂, the bottom *yang* line represents a plant's root while the fifth line (also *yang*) represents a sprout pushing through the earth. These are hexagrams the names of which could be regarded as childlike and simple, but for the rest pairs of hexagrams represent inversions or reversals of each other and their shapes are completely unrelated to their names. Apart from the three hexagrams for heaven, earth, and sprout, the hexagrams' shapes and names were linked quite mechanically. The key to the arrangement of the sixty-four hexagrams of the *Yijing* 易経 lies in inversion. By this means it became possible to arrange them mechanically, assign meanings to the *yin* and *yang* hexagrams, and thereby expound knowledge and skills necessary for Confucian education and Confucian governance of state and society.

However, the sequence of the hexagram names in the silk manuscript of the *Yijing* discovered at Han tomb no. 3 at Mawangdui 馬王堆 in Changsha 長沙 differs considerably from that in the received text. They are arranged in the order of "gentleman" (*junzi* 君子) hexagrams, in which the lower trigram has one *yang* line and two *yin* lines, and "small man" (*xiaoren* 小人) hexagrams, in which the lower trigram has one *yin* line and two *yang* lines, while the upper trigrams are arranged in the order of "father" (heaven) and "mother" (earth) and their "six children" (i.e., the remaining six trigrams). This arrangement is meant to show that proper family relationships create an ideal society and state. This dates from the early Han. In contrast, the diagram of the eight palaces (*bagong shiying tu* 八宮世応図) by Jing Fang 京房 (Li Junming 李君明) who was active during the reign of the emperor Chengdi 成帝) resembles that of the silk-manuscript *Yijing*, but because of an excessive desire to seek mathematical order, it has turned into a form of meaningless number-juggling. As a result the so-called "images and numbers" (*xiangshu* 象数) school of the Han eventually lost its supporters.

Yijing studies sought to explain the content of the *Zhouyi* and its commentaries on the basis of changes in the hexagram figures and constructed a grand philosophy peculiar to China that extends from cosmology to views of human life. But at the same time the "techniques and numbers" (*shushu* 術数) school, which devised different ways of arranging numbers and attempted to combine the *Yijing* with astronomy and the calendar, also flourished during the Han. As a result Wudi 武帝 appointed professors of the Five Classics, and once the *Yijing* came to be regarded as the foremost Confucian classic in the Later Han, all scholars aiming to enter government service began to study the *Yijing*. But neither the study of "meanings and principles" (*yili* 義理) nor the study of "techniques and numbers" had any relevance for ordinary people, who were attracted to the *Yijing* on account of its foretelling of one's fortune. In response to these demands various popular beliefs related to the *Yijing* emerged and gained popularity, among which the chief were *guizang* 帰蔵 and *nayin* 納音 .

Both the method of milfoil divination and the hexagram statements of *guizang*, said to predate the *Zhouyi*, are unknown. But by the Qin period at the latest there existed a text called the *Guizang* that had been produced among the general populace, where it circulated widely. It brought together in the form of a canonical text any even slightly relevant myths and legends found in the *Zhouyi* and its commentaries. A favourite story was that of Chang'e 嫦娥 , who obtained the elixir of immortality and went to the moon.

Nayin, or "inducted sounds," is a technical term of Han-period *Yijing* studies, and it refers to the assigning of the twelve animals of the Chinese zodiac (or "twelve branches"), the twelve months, the twelve compass points, the eight winds, and hexagram lines to the twelve pitches of Chinese music. Originating in the idea that all things emit a sound whenever they undergo a change, it claims that because the five elements (*wuxing* 五行) and the "ten stems" and "twelve branches" of the sexagenary cycle combine to create the five tones, the five elements of wood, fire, earth, metal, and water incorporate the five tones. It was used in divination to tell a person's fortune on the basis of the signs of his birth year according to the sexagenary cycle. It was also adopted in Japan and was especially popular during the Edo period. It results in prognostications such as "those born in the years wood rat and wood ox: metal in the sea (i.e., they will have wealth that they cannot access)" and "those born in the years fire tiger and fire hare: fire in the furnace (i.e., they will experience the warmth of a hearth)."

あとがき

　22年ほどまえのこと、命理学会二代目会長高木乗こと清水康教氏から送られてきた機関誌『福星』に河図流水図が掲載されていた。第23図の如く、河図の数は水流角度を示したものであり、治水のための測量に用いられた三角法に来源するとあった。この説は、第24図にあるように、後漢代に、伏羲・女媧が規矩をもって国土を治めたという考えが出てくることによっても肯ける。とすれば河図は規矩である。

　そこで、1から5までの整数をタテとし、6から10までの整数をヨコとし、6－1、7－2、8－3、4－9、5－10の直角三角形の弦の長さを算出すると、それぞれに、

$6-1 \rightarrow \sqrt{37} = 6.0828$
$7-2 \rightarrow \sqrt{53} = 7.2801$
$8-3 \rightarrow \sqrt{73} = 8.5440$
$9-4 \rightarrow \sqrt{97} = 9.8489$
$10-5 \rightarrow \sqrt{125} = 11.1803$

となる。そして、もっともながい10－5の弦の長さを81とし、各弦の長さを換算し直すと、

$6-1 \rightarrow 44.0684$
$7-2 \rightarrow 52.7434$
$8-3 \rightarrow 61.9003$
$9-4 \rightarrow 71.3099$

（以上、小数点第5位以下を四捨五入）

という数が得られる。これらの数は三分損益法によって得られる宮徴商羽角の数、

宮　$9 \times 9 = 81$
徴　$81 - \dfrac{81}{3} = 54$　　音は5°上る
商　$54 + \dfrac{54}{3} = 72$　　音は4°下る

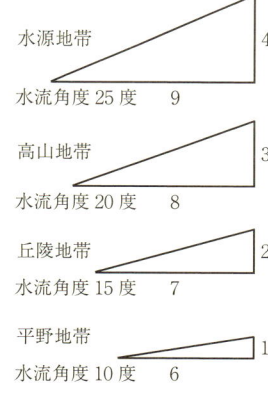

第23図　河図流水図
（『福星』己巳第5号）

水源地帯　水流角度25度　4　9
高山地帯　水流角度20度　3　8
丘陵地帯　水流角度15度　2　7
平野地帯　水流角度10度　1　6

第24図　伏羲・女媧図
（漢武梁祠石室出土画像石）

141

あとがき

$$羽\quad 72 - \frac{72}{3} = 48 \quad\quad 音は5°上る$$

$$角\quad 48 + \frac{48}{3} = 64 \quad\quad 音は4°下る$$

に極めて近い。これによって河図の数が、五音の出し方であることがわかる。すなわち、

　　6 − 1 　＝水≒羽
　　7 − 2 　＝火≒徴
　　8 − 3 　＝木≒角
　　9 − 4 　＝金≒商
　　10 − 5 ＝土≒宮

である。

　そこで、「もしこれでよければ、貴名を出し、しかるべき学会に発表したいが如何か」と清水氏に手紙を送ると、「驚天動地、よくぞ思いつかれた。私はもう死んでもいい」との返事をもらった。1992年度史学会大会東洋史部会で「先天易・後天易の構成法―記号論的アプローチ―」と題して発表し、その旨を報告したが、返事がなかった。しばらくして、奥様から、亡くなったとの手紙をいただいた。御冥福を祈る。

　先稿『両税法成立史の研究』につづいて面倒な原稿を編集・校正していただいた羽佐田真一氏に厚く御礼もうしあげる。

著者　九拝

著者紹介

古賀　登（こが　のぼる）

1926年神奈川県生まれ。
早稲田大学大学院文学研究科博士課程修了。早稲田大学文学部教授、同大学名誉教授を歴任。
2014年逝去。

［主要著書］
『新唐書』（明徳出版　1971年）、『漢長安城と阡陌・県郷亭里制度』（雄山閣　1980年）、『四川と長江文明』（東方書店　2003年）、『神話と古代文化』（雄山閣　2004年）、『猿田彦と椿』（雄山閣　2006年）、『両税法成立史の研究』（雄山閣　2012年）など。

2014年11月25日　初版発行　　　　　　　　　　　　《検印省略》

周易の研究―音占いから陰陽占いへ―

著　者　古賀　登
発行者　宮田哲男
発行所　株式会社 雄山閣
　　　　東京都千代田区富士見2-6-9
　　　　ＴＥＬ　03-3262-3231／ＦＡＸ　03-3262-6938
　　　　ＵＲＬ　http://www.yuzankaku.co.jp
　　　　e-mail　info@yuzankaku.co.jp
　　　　振　替　00130-5-1685
印刷・製本　　株式会社 ティーケー出版印刷

©Noboru Koga 2014　　　　　　　　　ISBN978-4-639-02327-2 C3039
Printed in Japan　　　　　　　　　　　N.D.C.148　142p　22cm